# SOLUCIONES DE ORGANIZACIÓN Y LIMPIEZA PARA EL TDAH

Desbloquea El Poder De La Tarea De 5 Minutos Para Evitar El Estrés Y El Agobio, Vencer La Procrastinación Y Transformar Tu Hogar En Una Zona Libre De Desorden.

POR CAROLINE SINGER

# Tabla de contenido

# Introducción



¿Alguna vez has metido una carga de ropa en la secadora y te has olvidado de encenderla? La ropa permanece ahí pacientemente durante una semana antes de que abras de nuevo la secadora y te encuentres con ropa maloliente y húmeda. ¿O has faltado alguna vez a un acto importante en la escuela de tu hijo, aunque te lo recordaras esa misma mañana?

¿Quizá tienes un desorden sin ordenar mirándote acusadoramente en cada habitación, platos sin lavar amontonados en el fregadero, un armario a reventar que preferirías no abrir y una bandeja de entrada de correos electrónicos sin leer que empieza a estresarte? Esta es una realidad cotidiana para muchas personas con TDAH, para quienes el deseo de organizar choca con el cableado del cerebro.

Antes que nada: esto NO te convierte en una mala persona. Podemos ser seres humanos amables, felices, generosos, cariñosos y exitosos sin ser buenos fregando los platos o manteniendo el salón ordenado. La manera en que organizas tu vida y cuidas tu casa no es un reflejo de tu carácter y tu valía. No tienes que hacerlo todo, y desde luego no tienes que hacerlo todo de una vez.

Al mismo tiempo, todos sabemos que tener una casa limpia y ordenada es un regalo para ti y para los tuyos, y no habrías comprado este libro si no quisieras intentar hacer algunos cambios o ver una mejora. Este libro nació de la idea de que los métodos tradicionales de organización no suelen funcionar para las personas con TDAH.

Quiero que sepas que no estás solo en esta lucha y que el cambio *es* posible, porque no se trata sólo de perder llaves u olvidar citas; se trata de cómo tu cerebro interactúa con el mundo que te rodea en una danza de distracciones singularmente desafiante. Este libro está aquí para ofrecerte estrategias prácticas y apoyo empático, adaptado a tus necesidades particulares.

En este libro explicaré diferentes formas de ayudarte a gestionar y organizar tu vida. Uno de los principales focos de atención será la técnica de la tarea de 5 minutos, una estrategia desarrollada específicamente para ayudar a los adultos con TDAH. En esencia, esto significa dividir las tareas de limpieza, organización y desorden en partes manejables de 5 minutos. Se trata de que el proceso sea tan sencillo y rápido que empezar no parezca desalentador y terminar parezca factible. Esta técnica tiene el potencial de transformar tu vida cotidiana, haciéndola más manejable y menos estresante.

La belleza de estas estrategias de 5 minutos reside en su poder transformador. No sólo pueden ayudarte a crear un entorno libre de desorden, sino que también reducen el estrés, mejoran tu salud mental y tu calidad de vida en general.

Celebrar las pequeñas victorias y avanzar paso a paso es la base de este enfoque, que refuerza el hecho de que cada minuto dedicado a la organización nos acerca a un entorno más tranquilo y controlado.

Este libro no trata de conseguir un hogar perfecto. No es de donde partimos ni lo que buscamos. Como afirma K.C. Davis "nadie se acuesta deseando haber limpiado más el baño". Se trata de hacer pequeños cambios realistas y sostenibles que mejoren nuestro día a día y nuestra sensación de poder manejarnos. No pasa nada si las cosas no están perfectas. Lo que importa es el progreso que hacemos cada vez que lo intentamos, y los hábitos que desarrollamos por el camino. Aspirar a lo "suficientemente bueno" *es* realmente lo suficientemente bueno.

En esta guía encontrarás toda una serie de estrategias prácticas de desorden y limpieza que te ayudarán a empezar a trabajar en distintas zonas de tu hogar, paso a paso para evitar agobios. También profundiza en temas como el desorden digital, el arte de vaciar la mente para despejarla, la gestión de las emociones y el estrés, excelentes consejos para hacer la compra y planificar las comidas, y mucho más.

Este libro está escrito pensando específicamente en el cerebro con TDAH: los capítulos y párrafos son breves para que no te llegues a abrumar con demasiado texto. Contiene muchas viñetas y listas de consulta rápida, y un enfoque empático y práctico que espero que te resulte familiar. Los globos de diálogo que encontrarás en cada capítulo son citas reales de personas como tú, que también han recorrido este camino y han encontrado soluciones que realmente funcionan.

Partiendo de una profunda empatía y comprensión del cerebro del TDAH, este libro pretende ser una guía apoyo en tu camino. Hay muchos libros sobre organización y algunos sistemas se han hecho famosos en todo el mundo. Sin embargo, no se han escrito muchos libros pensando en las personas con TDAH. Todo el mundo busca ese libro específico que le hable al alma. Espero de todo corazón que este libro hable al tuyo. A medida que avanzamos, recuerda esto: cada pequeño paso que das es una victoria. Con cada tarea realizada, no sólo estás organizando tu espacio, sino recuperando tu vida. Emprendamos juntos este viaje, paso a paso.

# Capítulo 1



Juguemos a un pequeño juego de Cazadores de Mitos, al estilo del TDAH. Seguro que ya lo ha oído antes: "Las personas con TDAH sólo tienen que esforzarse más" o "Sólo utilizan el TDAH como excusa para ser vagos". ¿Te suena? Dejemos las cosas claras. El TDAH no es un almacén de excusas y, desde luego, no es un trastorno que aplica a todos por igual, especialmente en lo que se refiere a la organización. Comprender estos mitos y la realidad del TDAH es como encontrar las gafas adecuadas: de repente, todo se ve con claridad.

## Mito vs. Realidad

Antes que nada, lo más importante: el mito de que las personas con TDAH son simplemente perezosas o desmotivadas. Esta es la verdad: el TDAH implica varios trastornos de la función ejecutiva, incluidos problemas de activación, esfuerzo y memoria. Esto significa que las tareas que requieren organización pueden parecer a veces como montar un rompecabezas de mil piezas sin ninguna imagen de referencia. ¡No es precisamente una actividad de domingo por la tarde! No se trata de falta de voluntad o de esfuerzo, sino de un desvío neurológico. Reconocer esto ayuda a enmarcar el TDAH no como un déficit de carácter, sino como una forma diferente de funcionamiento del cerebro que requiere distintas estrategias, fomentando una comprensión más empática de los retos a los que se enfrentan las personas con TDAH a la hora de organizarse.

Ahora, hablemos de la percepción común de que las personas con TDAH son siempre desorganizadas. Si bien es cierto que muchos luchan con la organización tradicional, no significa que sean incapaces de poner orden. En cambio, su organización suele ser diferente. Puede tratarse de un espacio de trabajo que a los demás les parezca caótico, pero que tenga mucho sentido para la persona que lo utiliza. Es el caos organizado donde a menudo prosperan la creatividad y la brillantez.

## El cerebro del TDAH y la organización: Revelando la conexión

El cerebro de una persona con TDAH no es sólo un torbellino de pensamientos; es un ecosistema complejo en el que neurotransmisores como la dopamina desempeñan un papel fundamental. Normalmente, el TDAH se caracteriza por una producción insuficiente de dopamina, que afecta a las funciones ejecutivas del cerebro, como la concentración, la memoria y la capacidad de organización. La dopamina es como el altavoz motivacional del cerebro, que te anima a terminar las tareas y a encontrar placer en completarlas. Cuando hay escasez, como ocurre a menudo en el TDAH, mantenerse centrado en la tarea y organizado no sólo es difícil, sino que puede parecer casi imposible.

Además, el cerebro con TDAH suele presentar deficiencias en un neurotransmisor menos conocido llamado norepinefrina, que normalmente ayuda a activar y mantener la atención y a mantenerse alerta y atento a las tareas.

Este cableado único influye significativamente en la percepción del tiempo. Para muchas personas con TDAH, el concepto de tiempo no es lineal, sino más bien una entidad fluida y expansiva. Esto puede dar lugar a una percepción distorsionada de la duración real de las tareas, lo que conduce a la procrastinación o a las prisas de última hora. ¿Alguna vez has pensado que tenías tiempo de sobra para prepararte y salir de casa, pero acabaste corriendo hacia tu cita? Es tu cerebro con TDAH jugando con el tiempo.

## El papel de la dopamina y la norepinefrina

Saber más sobre el papel de la dopamina y la norepinefrina en el cerebro del TDAH es vital para ayudar a comprender los retos a los que se enfrenta cada día una persona con TDAH. La dopamina suele denominarse la "sustancia química de la recompensa" en nuestro cerebro, ya que nos ayuda con la motivación y a completar una tarea con la esperanza de obtener una recompensa. La reducción de dopamina en el cerebro con TDAH significa que no todas las tareas son lo suficientemente gratificantes como para mantener la atención. Por eso, tareas mundanas como archivar papeles u ordenar el escritorio pueden parecer poco atractivas, cuando no tortuosas.

Pero la dopamina no es sólo placer; también es esencial para la atención y el control cognitivo. Para alguien con TDAH, la falta de dopamina significa que se distrae con mucha más facilidad mientras escribe ese informe, y le cuesta mucho ignorar cada pequeña cosa que ocurre a su alrededor.

En tercer lugar, la dopamina afecta al funcionamiento ejecutivo, que controla los aspectos de la vida relacionados con la planificación, la resolución de problemas y la toma de decisiones. Por eso a veces es difícil hacer planes o decidir de qué objetos del desorden deshacerse y cuáles conservar, o qué correos electrónicos borrar y cuáles archivar.

La norepinefrina interviene en nuestra respuesta de "lucha o huida", en la regulación de nuestra atención y en nuestro estado de alerta. Pero no se trata sólo de sentirse alerta, sino también de mantenerse concentrado en una tarea. La falta de norepinefrina en el cerebro con TDAH puede provocar una incapacidad para mantener la atención, razón por la cual es posible que empieces un trabajo pero te aburras muy rápidamente. Controla nuestra impulsividad e hiperactividad, lo que explica por qué a veces no pensamos antes de hablar. Si tus patrones de sueño están alterados y tienes problemas para dormir por la noche, también puedes achacarlo a un desequilibrio de norepinefrina.

## Comprender el agobio

¿Por qué los métodos tradicionales de organización suelen toparse con un muro cuando se trata del TDAH? Imagina entrar en una habitación llena de ruidos procedentes de todas direcciones. Así es como una estrategia organizativa típica puede parecerle a alguien con TDAH. Enfrentarse a una enorme pila de cosas que hay que «clasificar, purgar y organizar» puede resultar abrumador, no porque los pasos sean complejos, sino porque decidir qué encaja en estas categorías requiere un nivel de toma de decisiones que puede resultar agotador para el cerebro con TDAH. Esto conduce a menudo a lo que se conoce como parálisis por análisis, en la que el propio proceso de toma de decisiones se convierte en una barrera formidable.

Los métodos tradicionales tampoco tienen en cuenta la necesidad que tiene el cerebro del TDAH de recompensas y retroalimentación inmediatas. Los objetivos a largo plazo son estupendos, pero cuando tu cerebro, impulsado por la dopamina, te pide a gritos una victoria rápida, es fácil entender por qué una sesión de limpieza a fondo de seis horas un sábado no te parece atractiva. Por eso puede ser tan útil dividir las tareas en "minitareas" más pequeñas y manejables, que proporcionen dosis frecuentes de logro y reduzcan la sensación de agobio.

Así que, ahora que sabemos más, ¿cómo podemos hacer que estas tareas cotidianas sean más beneficiosas para la dopamina y la norepinefrina? El truco está en hacer que cada trabajo sea rápido y gratificante. No tienes tiempo para aburrirte o distraerte y, al final, te sentirás recompensado con una sensación de logro: una pequeña victoria que produce un chute de la importantísima dopamina. Se trata del concepto de gamificación, en el que hasta la tarea más tediosa puede convertirse en un minirreto con recompensas inmediatas, y lo mejor es que tú eliges la tarea, el tiempo y la recompensa.

## Aceptar la neurodiversidad

Si hay algo que sacar de todo esto, es que diferente no significa deficiente. El cerebro del TDAH tiene sus superpoderes: hiperconcentración, creatividad y capacidad para pensar fuera de los marcos tradicionales. Adoptar estos puntos fuertes significa alejarse de una visión centrada en el déficit y avanzar hacia un enfoque organizativo basado en los puntos fuertes. Se trata de convertir en cualidades lo que podrían parecer rarezas.

En el ámbito de la neurodiversidad, comprender que cada cerebro tiene su propio cableado y preferencias pone de relieve la importancia de las estrategias personalizadas en la organización. Lo que funciona para una persona puede no funcionar para otra, y eso está perfectamente bien. Este enfoque personalizado respeta y aprovecha las diferencias individuales para lograr hábitos organizativos mejores y más sostenibles.

# Capítulo 2



El zumbido constante de ideas, obligaciones, plazos y tareas pendientes que se arremolinan en torno a nuestro cerebro puede dificultar el seguimiento de todo lo que tenemos que hacer cada día. No suele pasar mucho tiempo después de la primera taza de café de la mañana para que las exigencias del día empiecen a invadir nuestro cerebro, convirtiéndose rápidamente en un caótico torbellino de tareas que compiten entre sí y que pueden crear fuertes sentimientos de estrés y agobio.

Por eso es fundamental que te regales un sistema de organización, un marco que te ayude a gestionar las innumerables cosas que tienes que hacer para mantenerte a flote. Así que, antes de entrar en el meollo de la cuestión del desorden y la limpieza, centrémonos en crear un sistema de organización que te funcione.

¿Qué es exactamente un sistema de organización? En pocas palabras, es un método que te ayuda a llevar un registro de las distintas tareas, información, responsabilidades, fechas y plazos de tu vida, para que puedas ver lo que hay que hacer y hacia dónde te diriges. Puede reducir significativamente el desorden y la confusión de tu lista mental de tareas pendientes.

Esto puede ser tan sencillo como decirse a uno mismo que lavarás la ropa todos los martes y sábados, o comprar una agenda familiar para que todos los miembros de la casa puedan ver lo que va a ocurrir en la semana que tienes por delante. Existen muchos sistemas, herramientas y técnicas diferentes, así que puedes elegir lo que más te convenga.

## Creación de un plan de organización personalizado para el TDAH

El camino hacia la creación de un sistema de organización comienza con una comprensión clara de tus objetivos y retos. Así que, antes que nada, hagamos balance de dónde estás ahora. No se trata en absoluto de juzgarse o criticarse por lo que no se ha hecho; se trata de comprender tu punto de partida. ¿Qué áreas de tu vida te parecen más caóticas? ¿Se trata de gestionar las tareas domésticas, hacer frente a los plazos del trabajo, controlar todas esas citas y compromisos, seguir una rutina diaria o simplemente acordarse de tomar la medicación a tiempo cada día?

A continuación, reflexiona sobre lo que quieres conseguir. ¿Quieres una cocina impecable, sin ningún utensilio fuera de tu espacio, o buscas un nivel de orden más manejable que mantenga la casa limpia y habitable sin el estrés de tener un caos total? Piensa en fijarte objetivos realistas y alcanzables. Empieza poco a poco y ve aumentando gradualmente.

En tercer lugar, intenta identificar qué tipo de mente TDAH tienes y qué estilo organizativo te funcionará. En este capítulo y en el siguiente encontrarás una serie de sugerencias, técnicas y herramientas con las que puedes experimentar. Si conoces tus retos y objetivos e identificas tu estilo, podrás adaptar tu plan de organización para que se ajuste exactamente a tus necesidades, lo que aumentará tus probabilidades de cumplirlo y disfrutar de sus beneficios. La clave está en establecer tus prioridades y observar cómo los distintos entornos y sistemas afectan a tu productividad y estado de ánimo, sin juzgarte ni autocriticarte.

Así que, empecemos. Cuando dispongas de unos minutos, toma un cuaderno y una pluma y escribe las respuestas a las siguientes preguntas. No hay respuestas correctas o incorrectas; se trata de descubrir qué te resuena y qué te viene a la mente. Esto debería ayudarte a tener más claro cómo seguir adelante y decidir qué métodos organizativos te parecerán menos una tarea y más una extensión natural de tu mente.

## 20 preguntas que te ayudarán a encontrar un sistema de organización que te funcione

1.  ¿Cuáles son sus principales retos en materia de organización?

2.  ¿Cómo afecta la desorganización a tu vida cotidiana y a tu bienestar?

3.  ¿Qué es lo que más te gustaría cambiar?

4. ¿En qué áreas de tu vida te sientes más desorganizado y caótico?

5. ¿Cuáles son tus tareas prioritarias?

6. ¿Qué has probado que te funcione?

7. ¿Cuáles son tus principales objetivos para organizarte?

8. ¿Te motivan más los objetivos a largo plazo o los logros a corto plazo?

9. ¿Respondes bien a las indicaciones visuales, como etiquetas y códigos de colores?

10. ¿Te vas más a los detalles o piensas más a largo plazo?

11. ¿Qué parte de tu casa o de tu espacio de trabajo es actualmente la más organizada y por qué crees que se mantiene así?

12. ¿Cuáles son para ti las mayores distracciones y obstáculos a la hora de organizarte?

13. ¿Cuánto tiempo estás dispuesto a invertir cada semana en mantener un sistema de organización?

14. ¿En qué momento del día te sientes más productivo?

15. Cuando piensas en organizar, ¿qué es lo que te resulta más abrumador?

16. ¿Cómo sueles priorizar tus tareas?

17. ¿Tienes un presupuesto para herramientas y recursos de organización, y qué te gustaría comprar para que te ayude?

Por ejemplo, cestas y cubetas de almacenaje, suscribirte a aplicaciones o incluso contratar a alguien que te limpie.

18. ¿Prefieres las aplicaciones digitales o herramientas más físicas, como las agendas, o tal vez una combinación de ambas?

19. ¿Cuentas con el apoyo de otras personas a la hora de organizar tus responsabilidades? Haz una lista de personas a las que podrías pedir ayuda.

20. ¿Hay alguna herramienta o recurso que crees que podría ayudarte a organizarte mejor y que aún no has probado?

Estas preguntas pretenden suscitar la reflexión y la perspicacia, orientándote hacia un sistema organizativo que se adapte a tu estilo de vida y a tus necesidades. Empieza por identificar lo que te funciona: lo que capta tu atención, lo que te hace sentirte motivado y lo que calma tu ansiedad. Puede ser algo tan sencillo como organizar tus libros por colores, porque eso te gusta y te inspira a mantener las cosas ordenadas. O crear un calendario de tareas para toda la familia. Tal vez te resulte útil programar temporizadores con tonos diferentes para cada tipo de tarea. La idea es experimentar con distintas técnicas, ajustarlas, combinarlas e inventar otras nuevas hasta encontrar un sistema que se adapte a ti.

Una vez que tengas una idea más clara de qué tipo de métodos de organización te funcionan mejor, profundizaremos en las distintas preferencias y retos que puedas tener en los siguientes capítulos. A medida que vayas leyendo este libro, es buena idea que tomes nota de los nombres de las nuevas ideas y herramientas que te gustaría probar.

# Capítulo 3



## Estrategias para el pensador visual: uso de imágenes y códigos de colores

Para quienes piensan en imágenes o recuerdan mejor las cosas cuando se les muestran, crear sistemas visuales y recordatorios puede ser muy útil. Empecemos por la codificación por colores, una herramienta aparentemente sencilla pero eficaz. Imagina tu archivo o tu armario organizados por colores. No sólo facilita la búsqueda de objetos, sino que también convierte el espacio en una zona visualmente atractiva, con lo que el proceso de organización deja de ser una tarea pesada para convertirse en un proyecto creativo.

Si esto te atrae, pensemos en crear un sistema de organización por colores que te funcione. En primer lugar, decide qué categorías necesitas organizar. En un entorno de oficina, puedes clasificar los elementos por proyecto, urgencia o tipo de tarea, y crear archivos codificados por colores para cada proyecto o tarea. Para el hogar, puedes crear una agenda familiar, con categorías basadas en el tipo de actividad, cita, acontecimiento importante y tareas que hay que hacer, y a cada miembro de la familia se le puede asignar un color distinto.

Crear una agenda familiar codificada por colores es una forma estupenda de implicar a toda la familia en un sistema de organización. Ofrece a cada miembro de la familia una forma fácil de comprobar lo que tienes que hacer cada día, liberándote de la responsabilidad de recordar todo para todos en todo momento. Esto te quitará un peso de encima enseguida.

En primer lugar, decide si quieres un gráfico físico, como una pizarra o un calendario impreso, o uno digital, como un Google Calendar compartido o una hoja de cálculo. Ambos tienen sus ventajas: el planificador físico está siempre visible, mientras que los digitales pueden consultarse en cualquier lugar y mantenerse actualizados con facilidad.

Ahora es el momento de asignar colores a las distintas tareas y actividades, y asignar un color a cada miembro de la familia. Por ejemplo:

Padre 1; Azul claro

Madre 2; Verde oscuro
Niño 1: Amarillo
Niño 2: Morado

Tareas domésticas, jardinería y compra de comestibles: Naranja
Tareas y proyectos de trabajo: Verde claro
Acontecimientos y fechas importantes para la familia: Rojo

Fechas relacionadas con la salud, por ejemplo, citas con el médico: Rosa

Eventos y fechas relacionados con la escuela: Azul oscuro

Para una tabla semanal, puedes tener columnas para cada día de la semana y filas para cada miembro de la familia, y luego escribir los acontecimientos, las tareas y las fechas con rotuladores de distintos colores para cada día y cada persona. Para un gráfico mensual puedes utilizar un formato de calendario. Incluye una leyenda en la parte inferior para que todo el mundo sepa qué color corresponde a cada cosa, y mantenla actualizada periódicamente.

Si utilizas etiquetas adhesivas de colores, puedes crear una sección de "completado" y mover las etiquetas allí cuando estén terminadas. Al crear y mantener una tabla con códigos de colores, tú y tu familia pueden visualizar y gestionar fácilmente la agenda de la semana, asegurándote de que todas las tareas, citas y eventos se contabilizan y organizan eficazmente.

## Otros medios visuales

Además de la agenda, los recordatorios visuales, como las notas adhesivas o una pizarra para garabatear recordatorios, son como golpecitos amistosos en el hombro; están ahí para llamar tu atención y llevarte suavemente a completar una tarea. Unas notas adhesivas en el espejo del baño que te recuerden tus citas, un planificador semanal de comidas en la puerta de la nevera o incluso un tablero de ideas sobre el escritorio con tus objetivos pueden servirte de decoración y de recordatorio funcional. La clave está en colocar estos recordatorios en lugares que veas con frecuencia. Este método aprovecha la tendencia natural de la mente con TDAH a sentirse atraída por elementos visualmente estimulantes, asegurándote de que tus recordatorios sean difíciles de ignorar.

Tu entorno es otro factor crucial en tu capacidad para organizarte y concentrarte. Para los pensadores visuales, un espacio estimulante y bien organizado puede aumentar considerablemente la productividad. Considera la posibilidad de utilizar estanterías abiertas en tu espacio de trabajo para archivos o cestos codificados por colores. Opta por recipientes transparentes en la cocina para facilitar la visibilidad. Cuanto más atractivo visualmente sea tu entorno, más cómodo y concentrado te sentirás al trabajar en ello.

## Herramientas organizativas para personas orientadas al detalle

Si eres más orientado al detalle, utilizar las herramientas adecuadas puede marcar la diferencia. Herramientas digitales como Asana y Monday.com te permiten dividir los proyectos en subtareas y hacer un seguimiento del progreso con una precisión satisfactoria. Estas plataformas ofrecen la posibilidad de añadir fechas de vencimiento, asignar tareas a miembros del equipo (o sólo a uno mismo) e incluso celebrar con un lanzamiento virtual de confeti al completar una tarea.

Pero no nos olvidemos de las herramientas de la vieja escuela. Un planificador físico bien estructurado puede ser un paraíso para la mente detallista. Opta por agendas con espacio para resúmenes diarios, semanales y mensuales, de modo que puedas tomar notas detalladas y listas de control y encontrarlas fácilmente cuando las necesites.

La planificación es un arte para las personas orientadas al detalle. Se trata de prever y organizar el camino hacia tus objetivos. Empieza con un resumen anual en el que apuntes las fechas y plazos clave. A partir de ahí, amplía el desglose mensual con tareas más específicas. Las sesiones semanales de planificación le permiten asignar tareas a cada día, asegurándote de que se tiene en cuenta hasta el más mínimo detalle. Para mayor detalle, utiliza el bloqueo de tiempo en tu plan diario para dedicar horas concretas a tareas específicas, lo que resulta especialmente útil si eres propenso a las distracciones. El truco está en ser minucioso pero flexible; la vida es imprevisible y tu plan debe ser una guía, no una prisión.

## Estrategias de adaptación para el TDAH inatento

Quizá la estrategia más eficaz para las personas con TDAH inatento sea el uso de bloques temáticos de enfoque. En lugar de una lista de tareas tradicional, agrupa tus actividades por temas o tipos de tareas y asigna un bloque de tiempo a cada una. Por ejemplo, asigna horas específicas del día al trabajo, otro bloque de tiempo exclusivamente para la producción creativa, seguido de un bloque para tareas administrativas, etc. Esto puede ayudar a alguien con TDAH desatento al reducir el número de decisiones sobre qué hacer a continuación, disminuyendo así la carga cognitiva y facilitando el inicio de una tarea.

# Cómo crear un planificador temático en bloques:

1. Empieza por identificar los temas principales en los que quieres trabajar, como las tareas domésticas, los proyectos de trabajo, el cuidado personal, la administración, etc. Intenta agrupar las tareas que van juntas de manera natural en un solo bloque para simplificar la toma de decisiones.

2. A continuación, crea un horario sencillo con bloques de tiempo temáticos: por lo general, "mañana", "primera hora de la tarde", "última hora de la tarde" y "noche" funcionan bien, pero puedes crear tu propio sistema.

3. A continuación, define lo que debes lograr en cada bloque. Por ejemplo, puedes dedicar las mañanas a tareas relacionadas con el trabajo, dedicar las primeras horas de la tarde a la gestión del hogar y a hacer recados, reservar algo de tiempo para proyectos personales o aficiones a última hora de la tarde, y dedicar tiempo por la noche a relajarte y el auto cuidado.

4. 4Puede que algunas tareas sólo requieran un bloque a la semana; otras, en cambio, deberán realizarse todos los días.

5. Establecer objetivos específicos para cada bloque (por ejemplo, terminar de escribir mi informe de trabajo, pasar 30 minutos paseando por la naturaleza) te ayudará a dirigir tu atención y te proporcionará una sensación de logro cuando finalices las tareas.

Este método reduce la sobrecarga cognitiva derivada de la alternancia de tareas, lo que permite al cerebro concentrarse cómodamente. También es un sistema flexible, que permite desplazar una tarea al siguiente hueco disponible si tarda más de lo previsto.

Mientras trabajas, herramientas como los auriculares con cancelación de ruido o las listas de reproducción de música enfocada pueden ser muy valiosas. Ayudan a crear una burbuja de concentración, protegiéndote del caos ambiental que puede desviar fácilmente tu atención.

Considera también la posibilidad de utilizar herramientas que requieran interacción física, como pizarras blancas para la lluvia de ideas o agendas de papel para la programación. Estas herramientas satisfacen la necesidad de movimiento y pueden hacer más atractivo el proceso de organización.

## Para los que piensan en grande: Estrategias holísticas de organización

Si, por naturaleza, ves el bosque más que los árboles por separado, es posible que pienses a gran escala. Destacas a la hora de conectar los puntos de un amplio panorama y te gusta trabajar en pos de una visión más amplia. Este tipo de pensamiento a veces hace que los detalles del día a día resulten tediosos o abrumadores, pero si adoptas estrategias de organización holísticas, puedes crear un sistema que respete tu inclinación natural a centrarte en las grandes visiones y te ayude a manejar los aspectos cotidianos sin sentirte estancado.

Los pensadores holísticos suelen tener una gran capacidad para prever resultados, lo que puede ser una baza fantástica a la hora de planificar proyectos a largo plazo o establecer objetivos vitales. Sin embargo, el reto consiste en mantener el impulso y no desviarte por la inmensidad de la visión o por otras ideas intrigantes que puedan surgir por el camino. La clave está en integrar sistemas que salven la distancia entre estas grandes ideas y las tareas cotidianas que conducen a su realización.

Empieza por reconocer que tu naturaleza holística es un punto fuerte, no un obstáculo. Te permite ser un visionario, alguien capaz de inspirar el cambio y pensar con originalidad. Para ello, reserva un tiempo regular para soñar a lo grande y visualizar tus objetivos, pero acompáñalo de un sistema fiable que te permita dar los pasos necesarios para alcanzarlos.

Una técnica eficaz es la planificación inversa. Empieza por tu objetivo final y ve retrocediendo para determinar los pasos necesarios para alcanzarlo. Puede ser cualquier cosa, desde lanzar un nuevo negocio hasta organizar el salón. Escribe el objetivo final y luego pregúntate: "¿Qué tiene que pasar justo antes de esto?" y "¿Qué tiene que pasar antes de eso?". Continúa este proceso hasta que llegues a donde estás ahora. Este método aclara el camino necesario para alcanzar un objetivo y divide una visión amplia en tareas más pequeñas y manejables que no resulten abrumadoras.

Una herramienta digital como MindMeister te permite crear mapas mentales que trazan visualmente tus proyectos u objetivos. Esto puede ser increíblemente útil para hacer un seguimiento de cómo las tareas más pequeñas contribuyen al panorama general. Para un enfoque más práctico, las pizarras blancas de gran tamaño pueden ser muy útiles. Proporcionan un espacio físico para trazar ideas, conectar diferentes elementos y ajustar los planes a medida que las cosas evolucionan. Utilizar un software de gestión de proyectos como Asana también puede ayudarte a supervisar los proyectos desde un alto nivel sin perder de vista los detalles. Estas herramientas ofrecen funciones como cronogramas, recordatorios y opciones de colaboración, que son perfectas para mantener una visión de pájaro de tus proyectos y garantizar al mismo tiempo que todas las piezas encajan como deben.

Por último, integrar los objetivos a gran escala con las tareas diarias puede ser el pegamento que mantenga todo unido. Esta integración garantiza que cada día haces algo que contribuye a tus objetivos más amplios. Empieza cada día identificando una o dos tareas que estén directamente relacionadas con tus objetivos más generales. Puede ser cualquier cosa, desde investigar un mercado potencial para una nueva idea de negocio hasta ordenar un solo cajón. Al alinear sistemáticamente las acciones diarias con los objetivos generales, no sólo se avanzas de forma constante, sino que mantienes un enfoque claro y motivado sobre el rumbo a seguir.

Sea cual sea tu estilo, recuerda que la personalización es la clave. El TDAH se manifiesta de manera diferente en cada persona, y lo que funciona para una persona puede no funcionar para otra. Se trata de encontrar tu ritmo en el caos y ajustar tus estrategias para que coincidan con tu frecuencia única de enfoque y energía. Ya sea mediante herramientas especializadas, técnicas a medida o una combinación de enfoques, el objetivo es crear un kit de herramientas de organización personalizado que te ayude a desenvolverte en tu día a día con más facilidad y menos frustración. En el próximo capítulo examinaremos en detalle algunas de las mejores aplicaciones y herramientas digitales disponibles para ayudarle a alcanzar tus objetivos organizativos.

# Capítulo 4



En la era de los teléfonos inteligentes y la tecnología digital, es como si tuviéramos un asistente personal en miniatura en el bolsillo, así que ¿por qué no aprovecharlo? Existe un sin número de aplicaciones y herramientas diseñadas para aportar una apariencia de orden a nuestra vida cotidiana, y estos asistentes digitales pueden ser de gran ayuda, transformando la desalentadora montaña de tareas en una serie de colinas manejables. Veamos algunas de las mejores aplicaciones y herramientas que pueden facilitarte la organización.

## Aplicaciones para tomar notas

Para tomar notas y apuntar ideas, aplicaciones como Evernote y Microsoft OneNote pueden resultar muy útiles. Por ejemplo, puedes utilizar Evernote para tomar notas rápidas durante una reunión y organizarlas después en distintas categorías para consultarlas fácilmente. Del mismo modo, Microsoft OneNote puede utilizarse para crear una lista de tareas pendientes para el día, que luego puedes ir marcando a medida que completas cada tarea. Estas aplicaciones te permiten capturar, organizar y encontrar tus notas e ideas en todos los dispositivos, lo que es perfecto para cuando tus pensamientos se aceleran y tu cerebro bulle. Estas aplicaciones suelen incluir etiquetas organizativas, opciones de voz a texto e incluso la posibilidad de adjuntar imágenes y enlaces, lo que las convierte en herramientas versátiles de tu arsenal organizativo.

## Aplicaciones de gestión de proyectos

Trello es una herramienta de gestión de proyectos que utiliza tableros, listas y tarjetas para organizar y priorizar tus proyectos de una forma divertida, flexible y gratificante. Estas herramientas se basan en el método "Kanban", un sistema visual para gestionar los distintos trabajos a medida que se avanza en un proceso. Kanban es una palabra japonesa que se traduce aproximadamente como "tarjeta que se puede ver". Puedes organizar las tareas en tarjetas de diferentes colores y moverlas por la pantalla. Esto puede imitar la sensación de mover cartas físicas, lo que puede resultar satisfactorio y claro para los pensadores visuales.

Personaliza estas aplicaciones con colores, etiquetas e imágenes para hacerlas más personales y visualmente atractivas. Estas herramientas te ayudan a mantener tus tareas y proyectos organizados y convierten el proceso en una experiencia visualmente interactiva. Es como convertir tu lista de tareas pendientes en un tablero visual de Pinterest de productividad, lo que puede resultar muy motivador, sobre todo cuando arrastras una tarea a la columna "Completado".

## Aplicaciones de administración de tiempo

Las aplicaciones de gestión del tiempo como Todoist, Goblin Tools y Asana pueden ayudar a combatir el problema de la ceguera del tiempo. Estas herramientas permiten dividir las tareas en subtareas, establecer prioridades y asignar fechas de vencimiento. Todoist, por ejemplo, te permite ver tus tareas en vistas diarias o semanales, lo que puede ayudarte a visualizar cómo se perfila tu semana y dónde podrías necesitar centrarte más. Lo mejor de estas aplicaciones son sus sistemas de recordatorio. Puedes programar varias alarmas para las distintas fases de tu tarea, lo que te ayudará a mantener a raya la ceguera del tiempo.

## Aplicaciones para hacer listas

Para aquellos de nosotros que olvidamos lo que estábamos haciendo hace dos minutos, las aplicaciones para tomar notas y hacer listas son nuestros caballeros de brillante armadura. Aplicaciones como Google Keep o Microsoft To-Do pueden ser fantásticas para apuntar cualquier cosa, desde ideas repentinas hasta lo que necesitas de la tienda. Google Keep es especialmente útil con sus notas codificadas por colores y sus recordatorios basados en la ubicación (imagina que tu lista de la compra aparece en tu teléfono en el momento en que entras en el supermercado, ¡mágico!) Estas aplicaciones suelen ofrecer versiones para computadora y smartphone que se sincronizan a la perfección, garantizando que dispones de tus notas independientemente del dispositivo en el que te encuentres.

## Aplicaciones de limpieza y gestión doméstica

Existen varias aplicaciones innovadoras que ayudan a agilizar las tareas de limpieza y gestión del hogar, haciéndolas más fáciles y eficientes. Finch combina funciones de seguimiento de hábitos y fijación de objetivos para ayudarte a establecer y mantener una rutina de limpieza regular. Te dan un pájaro virtual súper mono como mascota, y por cada tarea que completes tu pájaro recibe una recompensa, lo que puede ser muy motivador.

Sweepy destaca por su interfaz fácil de usar y sus funciones de gamificación, que permiten asignar tareas a distintos miembros de la casa, llevar un registro de las tareas pendientes y convertir la limpieza y el desorden en un juego en el que todos pueden participar. Por otro lado, Tody, con su sistema de semáforo, destaca en la gestión visual de tareas, proporcionando una visión detallada de las tareas de limpieza y su frecuencia, ayudándote a priorizar y abordar las tareas antes de que se vuelvan abrumadoras.

## Opciones de personalización

Una de las cosas más útiles de estas herramientas es su capacidad de personalización. Adaptar una aplicación a tus necesidades específicas puede ser la diferencia entre que sea otro icono sin uso en su pantalla o una parte crucial de su rutina diaria. Lo que funciona para una persona puede no funcionar para otra. Puede que prefieras una interfaz minimalista en la que sólo se vea lo esencial, o puede que te guste tener todas las funciones al alcance de la mano. La clave es hacer que la aplicación trabaje para ti, no al revés.

Tómate tu tiempo para explorar la configuración de estas aplicaciones; ajusta las notificaciones, cambia los temas o reorganiza el diseño para adaptarlo a tu forma de trabajar. Juega con los ajustes hasta que sientas que la aplicación es realmente tuya. Esto puede significar desactivar ciertas notificaciones que te distraen o configurar filtros personalizados para que tu lista de tareas sea menos abrumadora. Al personalizar estas herramientas, estás creando un entorno digital que complementa la forma única que tiene tu cerebro de procesar la información, por lo que es más probable que sigas utilizándolas y te organices mejor.

En última instancia, estas herramientas digitales no están aquí para aumentar el caos, sino para simplificar nuestras vidas. Al integrar una o dos de estas aplicaciones y herramientas en tu rutina diaria, te estarás equipando con un poderoso arsenal contra el caos del TDAH. Ya sea para gestionar tu tiempo, controlar tus tareas o simplemente acordarte de comprar leche, hay una aplicación que puede ayudarte a que tu vida vaya más fluida. Al final de este capítulo encontrarás una lista de las aplicaciones mencionadas aquí, junto con otras que quizá quieras explorar.

## Utilizar un planificador

Si has intentado utilizar una agenda y has fracasado porque empiezas con buenas intenciones y acabas sintiéndote culpable por no mantener la agenda perfectamente rellena y completada cada día, no desesperes. Un recurso en línea que merece la pena consultar es Future ADHD Planning - https://futureadhd.com. Aquí encontrarás una amplia gama de planificadores digitales e imprimibles creados específicamente para el cerebro con TDAH y recomendados por psicólogos, que te ayudarán a organizarte de la forma flexible que más te convenga. Dispone de diferentes plantillas para tareas específicas y de un calendario diario, semanal y mensual. (Disponible sólo en inglés)

Otra aplicación de planificación que funciona bien es Cozi(https://www.cozi.com), diseñada como un organizador familiar que ayuda a gestionar diversos aspectos de la vida familiar de una forma que todos pueden utilizar. Cuenta con una versión en español. Empieza por crear una cuenta a la que puedan acceder todos los miembros de la familia. Cada miembro puede conectarse utilizando su dirección de correo electrónico. Una de las principales características de Cozi es su calendario compartido. Los miembros de la familia pueden añadir, ver y gestionar eventos visibles para todos, como acontecimientos escolares importantes, citas con el médico, actividades extraescolares, etc.

También puedes crear varias listas de tareas, listas de la compra y planificadores de comidas a los que todos puedan acceder, compartir y contribuir. La función de diario es otro buen detalle: cualquiera puede crear una entrada de diario compartida para registrar un momento familiar, con fotos y descripciones. También puedes establecer recordatorios y notificaciones para que nadie se pierda una cita importante. Por último, se puede asignar un color específico a cada miembro de la familia, lo que facilita ver de un vistazo quién está haciendo qué.

## Revisar y recordatorios

Una vez a la semana, merece la pena dedicar 5 o 10 minutos a revisar en la agenda todos los compromisos de la semana siguiente. Esto no sólo te recordará lo que tienes que hacer, las citas fijas y las reuniones importantes, sino que también te abrirá los ojos, ayudándote a ver todo lo que estás intentando meter en tus días.

Con el TDAH, es fácil sobrestimar lo que se puede manejar en un día o una semana, lo que lleva a una agenda repleta que deja poco espacio para el tiempo de inactividad o las tareas inesperadas. Utilizando una agenda, dando un paso atrás y evaluando tus compromisos, puedes empezar a encontrar el equilibrio y asegurarte de que tienes tiempo para trabajar y divertirte sin forzarte demasiado.

**Aquí tienes una lista de algunas de las mejores aplicaciones y herramientas digitales que te ayudarán a organizarte. Todos están disponibles en español:**

## Ideal para organizadores visuales:

1.  Trello -https://www.trello.com

Trello es una versátil herramienta de gestión de proyectos que organiza tareas y proyectos mediante tableros, listas y tarjetas. Es muy visual, lo que puede ayudar a seguir las prioridades y los progresos.

**Cómo funciona**: Puedes crear tableros para diferentes proyectos o áreas de tu vida, añadir listas a cada tablero para tareas o etapas de un proyecto y luego añadir tarjetas para cada tarea. Las cartas pueden moverse entre las listas a medida que avanzan.

2. Monday.com https://www.monday.com

Monday.com es una popular plataforma de gestión del trabajo que ayuda a individuos y equipos a planificar, seguir y colaborar en proyectos y tareas.

**Cómo funciona**: Mediante un tablero visual con varias vistas (Kanban, Gantt, calendario, etc.), los equipos pueden personalizar sus flujos de trabajo, automatizar procesos e integrarlos con otras herramientas.

3. MindMeister www.mindmeister.com

MindMeister es una aplicación de mapas mentales que te permite capturar, organizar y compartir ideas visualmente.

**Cómo funciona**: Puedes crear diagramas que representen ideas, tareas o proyectos, desde cero o a partir de plantillas, e importar archivos existentes para integrarlos en el mapa mental.

## Ideal para hacer listas y organizar tareas:

4. Evernote https://evernote.com

Evernote es una aplicación para tomar notas que te ayuda a organizar tus proyectos personales y profesionales. Permite almacenar notas, documentos, fotos y páginas web en un solo lugar.

**Cómo funciona**: Puedes crear libretas para distintos temas y añadirles notas. Las notas pueden incluir texto, imágenes, audio y archivos adjuntos. Además, se pueden realizar búsquedas, lo que facilita encontrar lo que necesitas.

5.   Notion https://www.notion.so

Notion combina la toma de notas, la gestión de tareas, las bases de datos y las hojas de cálculo para crear una herramienta de organización flexible y completa.

**Cómo funciona**: Puedes crear páginas y bases de datos para gestionar distintos aspectos de tu vida o tu trabajo. Cada página puede personalizarse con diferentes bloques para tareas, notas, calendarios y mucho más.

6.   Microsoft OneNote https://www.onenote.com

OneNote funciona como un cuaderno digital que reúne las notas, dibujos, clips de pantalla y comentarios de audio de los usuarios y permite realizar búsquedas en ellos.

**Cómo funciona**: OneNote te permite crear varias libretas, cada una con sus propias secciones y páginas, de forma muy parecida a un cuaderno físico. Puedes escribir notas a máquina o a mano, insertar imágenes, audio y vídeo y utilizar herramientas de dibujo.

7.   Microsoft To-Do – https://to-do.office.com

Microsoft To-Do es una aplicación de gestión de tareas que te ayuda a gestionar, priorizar y completar tareas. Puedes crear listas de tareas, establecer recordatorios y controlar los plazos.

**Cómo funciona**: To-Do permite crear diferentes listas para organizar las tareas en función de categorías, proyectos o contextos. Dentro de cada lista, puedes añadir subtareas, fijar fechas de vencimiento y añadir notas o archivos adjuntos.

8.  Google Keep https://keep.google.com

Google Keep es una sencilla aplicación para tomar notas y gestionar tareas, ideal para hacer anotaciones rápidas y listas de tareas. Se puede acceder desde cualquier dispositivo.

**Cómo funciona**: Puedes crear notas y listas, añadir imágenes y audio y establecer recordatorios.

## Ideal para administrar el tiempo:

9.  Asana – https://asana.com

Asana se centra más en el entorno de trabajo. Ayuda a gestionar tareas y proyectos entre equipos, por lo que es ideal para uso profesional. Contiene listas de tareas, líneas de tiempo, calendarios y mucho más.

**Cómo funciona**: Puedes crear proyectos, añadir tareas, asignar fechas de vencimiento y establecer recordatorios. También permite colaborar con otras personas.

10. Todoist https://todoist.com

Todoist es un gestor de tareas basado en la simplicidad y la flexibilidad. Permite gestionar tareas y proyectos en cualquier lugar y desde cualquier dispositivo.

**Cómo funciona**: Puedes crear tareas, organizarlas en proyectos, establecer niveles de prioridad y fechas de vencimiento, e integrarlas con otras apps.

11. Herramientas Goblin https://goblin.tools

Goblin Tools ha sido especialmente diseñado para usuarios neurodivergentes. Desglosa la lista de tareas pendientes en pasos más pequeños y manejables para simplificar las tareas cotidianas.

**Cómo funciona**: Cada tarea tiene un "nivel de picante" del 1 al 5, en función del grado de descomposición que necesita. Además, hay funciones como "el Compilador", que ayuda a formalizar los pensamientos en tareas procesables, y "el Chef", que puede crear recetas basadas en los ingredientes que tengas disponibles en ese momento.

## Bueno para planificar, seguir hábitos y mantener la concentración:

12. Forest App https://www.forestapp.cc

Forest App está diseñada para ayudarte a mantenerte concentrado y presente. Es beneficioso para quienes se distraen con facilidad.

**Cómo funciona**: La aplicación te permite programar un temporizador durante el tiempo que quieras concentrarte y, a medida que trabajas, haces crecer un árbol virtual. Si abandonas la aplicación para consultar tu teléfono, el árbol muere. Es una gran herramienta de motivación para cumplir una tarea.

13. Cozi https://www.cozi.com

Cozi se presenta como la aplicación número 1 para organizar a las familias.

**Cómo funciona**: Con un calendario familiar compartido y funciones como listas de tareas comunes, listas de la compra, planificador de comidas y recetas, un diario familiar y códigos de colores, es una forma estupenda de que las familias estén coordinadas en un espacio fácil de usar.

## Ideal para limpiar y controlar las tareas domésticas

14. Sweepy https://sweepy.app

Sweepy es una aplicación de limpieza doméstica diseñada para ayudar a gestionar y organizar las tareas del hogar.

**Cómo funciona**: Sweepy te permite crear un horario de limpieza personalizable, dividir las tareas entre los miembros de la familia e incluso convertir la rutina en un juego para hacerlo más divertido: ganas monedas virtuales por cada tarea completada, que puedes gastar en decorar una habitación virtual. La aplicación controla la limpieza de cada habitación, prioriza las tareas y genera automáticamente un programa diario para ayudar a superar el agobio y mantener la concentración.

15. Finch https://finchcare.com

Finch es una aplicación de autocuidado que te anima a cuidar de ti mismo cuidando de un pájaro mascota súper bonito. Actúa como un diario de autocuidado y un motivador de tareas con un montón de indicaciones divertidas para animarte a establecer objetivos y completar tareas.

**Cómo funciona**: Si te sientes decaído o desmotivado y tienes una tarea concreta que quieres completar, puedes fijarla como objetivo en Finch. Cuando hayas completado el trabajo, tu pájaro mascota recibirá una recompensa: comida, pequeños disfraces, etc.

## 16. Tody – https://todyapp.com

Tody es una aplicación que convierte la limpieza en un juego. Visualiza la suciedad para motivarte a limpiar, y visualiza el efecto de la limpieza para darte satisfacción cuando hayas terminado tus tareas.

**Cómo funciona**: La aplicación cuenta con un sistema de semáforos "rojo", "ámbar" y "verde" que asigna a las distintas tareas, para que puedas priorizar cuáles empezar primero. Realiza un seguimiento de tus tareas y te ofrece sugerencias y recordatorios.

# Capítulo 5



Imagina que es una de esas mañanas en las que hasta tu café necesita un café. El despertador está sonando, la cama es acogedora y la lista de tareas del día se cierne como una montaña. Pero, ¿y si, en lugar de dejar que el caos dicte tu día, tuvieras una rutina matutina sencilla y fácil de seguir en la que no tuvieras que pensar demasiado, para ayudarte a empezar el día de manera positiva? Este capítulo trata sobre cómo convertir esas mañanas aturdidas en una plataforma de lanzamiento hacia el éxito con una pizca de intencionalidad y una pizca de adaptabilidad al TDAH.

## Rutina matutina fácil y sencilla

Crear una buena rutina matutina que te funcione para establece un tono positivo para el día que tienes por delante. Aquí tienes algunas sugerencias para una rutina matutina básica y equilibrada que puedes adaptar según tus preferencias personales y tus horarios. Ten en cuenta que no tienes que hacerlo todo. Se trata de una lista de opciones: puede elegir las que consideres factibles con regularidad y que más te gusten.

1.  **Pon el despertador e intenta levantarte temprano.** Levantarse a la misma hora todos los días, incluso los fines de semana, ayuda a regular el reloj corporal y puede mejorar la calidad general del sueño.

2.  **Hidrátate.** Empieza el día con un vaso de agua. Durante la noche, el cuerpo, especialmente el cerebro, se deshidrata, por lo que resulta beneficioso tener un vaso de agua junto a la cama y beberlo a primera hora de la mañana.

3.  **Realiza algún tipo de actividad física durante unos minutos.** Unos suaves ejercicios de estiramiento, un corto paseo matutino o una breve sesión de yoga vigorizarán tanto tu cuerpo como tu mente.

4.  **Tiende tu cama:** Esta es una tarea rápida de 5 minutos que puedes hacer para crear una sensación de orden y calma en tu dormitorio.

5.  **Desayuna sano.** Alimenta tu cuerpo con un desayuno nutritivo con un buen equilibrio de proteínas, grasas e hidratos de carbono. Un desayuno rico en proteínas es especialmente beneficioso para las personas con TDAH.

6.  **Cuidado personal.** Sigue una rutina de aseo rápida y sencilla: dúchate, cepíllate los dientes, péinate y vístete. Esto te ayuda a sentirte fresco y envía señales a tu cerebro de que es hora de empezar el día.

7. **Evita las pantallas durante la primera hora**. Intenta evitar saltar directamente a los correos electrónicos, las noticias o las redes sociales. Darse una primera hora sin pantallas puede reducir el estrés y las distracciones de primera hora de la mañana.

8. **Planifica tu día.** Tómate unos minutos para revisar tus tareas y prioridades. Esto puede ayudarte a gestionar tu tiempo con eficacia y a sentirte más preparado y centrado.

## Preparación mental matutina en 5 minutos Planificación del día

Dedicar 5 minutos por la mañana a planificar el día y establecer objetivos puede marcar la diferencia. Quizá te preguntes: "¿qué importancia tiene fijarse propósitos?". Piensa en ellos como tus señales de tráfico personales para el día que tienes por delante: te ayudan a guiar tus acciones y tu mentalidad. Para quienes hacen malabarismos con el dúo dinámico de la vida cotidiana y el TDAH, establecer propósitos puede ser realmente útil. Es como programar tu GPS interno cada mañana para navegar por los retos del día con mayor eficacia. Si empiezas el día con las intenciones claras, es más probable que te mantengas alineado con tus objetivos y menos probable que las distracciones o el agobio te hagan descarrilar.

Empieza por encontrar un lugar tranquilo, como un rincón de tu dormitorio. Siéntate con un cuaderno o tu dispositivo digital favorito y escribe dos o tres intenciones para el día. Pueden ser tan sencillas como: "Hoy limpiaré las superficies de la cocina y ordenaré el correo que hay sobre la mesa", o más emotivas: "Hoy seré más amable conmigo mismo". La clave está en mantener las tareas alcanzables y las intenciones vinculadas a aquello en lo que más necesitas centrarte.

A continuación, piensa en las prioridades del día. Cuando todo parece urgente, nada lo es. Prueba el método "Debo, Debería, Podría" para reducir el ruido. Anota todas las tareas que tienes que hacer. A continuación, clasifícalo en "debo hacer", "debería hacer" y "podría hacer". Las tareas "imprescindibles" tienen plazos inmediatos o consecuencias importantes si se retrasan (como citas ineludibles o la finalización de un proyecto de trabajo). Las tareas "que debería hacer" son importantes pero pueden esperar si es necesario (como organizar su espacio de trabajo), y las tareas "que podría hacer" sería bueno hacerlas pero no son urgentes (como ordenar los correos electrónicos antiguos). Este método ayuda a desglosar las tareas y a ver dónde concentrar primero la energía. Es una forma sencilla y visual de planificar tu día, que proporciona a tu cerebro un camino claro que seguir.

## Técnicas de visualización

Para amplificar el poder de tus intenciones, combínalas con la visualización. Esta técnica no es sólo para atletas o artistas; es una potente herramienta para cualquiera, especialmente para quienes padecen TDAH y tienen problemas de concentración y motivación. Visualizar cómo quieres que se desarrolle tu día puede consolidar tus intenciones en tu mente. Cierra los ojos e imagínate realizando con éxito las tareas del día. Imagínate pasando sin problemas de una actividad a otra, afrontando las interrupciones con elegancia y terminando el día sintiéndose realizado. Este ensayo mental prepara al cerebro para actuar de forma que se alinee con los resultados visualizados, lo que facilita el control de los síntomas del TDAH a lo largo del día.

## Ajustar las intenciones en función de las necesidades

Uno de los superpoderes de tener TDAH es estar muy en sintonía con el hecho de que cada día conlleva distintos niveles de energía y retos. Por eso es crucial adaptar tus intenciones diarias en función de tu estado mental y físico actual. Algunos días, tu intención puede ser la productividad, mientras que otros puede ser el autocuidado o simplemente intentar estar presente. Comprueba cada mañana cómo te sientes, qué tienes previsto para el día y qué retos pueden surgir. Ajusta tus intenciones en consecuencia. Si no has dormido lo suficiente, puedes proponerte hacer pausas, abordar el trabajo en segmentos más cortos o, mejor aún, darte permiso para echarte una siesta. Al alinear tus intenciones con tu estado de ánimo, creas un marco flexible que te ayuda a gestionar eficazmente tu TDAH a lo largo del día.

Estos minutos matutinos son tu oportunidad para orientar el día a tu favor desde el principio. Al establecer intenciones, no sólo planificas tus acciones, sino que también alineas tu mentalidad con tus objetivos, lo que resulta especialmente útil para controlar el TDAH. Esta sencilla práctica puede transformar tu día de reactivo a proactivo, dándote una sensación de control y logro. Así que, antes de que el mundo se precipite mañana por la mañana, tómate esos cinco minutos. Establece tus intenciones, visualiza tu éxito y observa cómo se desarrolla tu día con más propósito y menos caos.

# Capítulo 6



Ahora hablaremos del verdadero cambio: el poder de los cinco minutos. ¡Sí, sólo cinco minutos! Suena casi demasiado bueno para ser verdad, pero la magia en la gestión del TDAH no está en revisar toda tu vida de un plumazo; está en la belleza de los objetivos pequeños y alcanzables.

Cuando te enfrentas a una tarea que parece tan desalentadora como escalar el Everest en chanclas, saber por dónde empezar es la mitad de la batalla. Es fácil sentirse abrumado o desmotivado, sobre todo cuando tu cerebro con TDAH tira de ti en un millón de direcciones diferentes. El truco para vencer esa resistencia inicial es simplificar la tarea hasta tal punto que empezar no parezca tan formidable. Este enfoque reduce la presión y la carga mental, lo que facilita el comienzo y, a menudo, una vez que se ha empezado, continuar no parece tan difícil.

En tan sólo cinco minutos *puede* hacer mella en tus objetivos organizativos. No se trata de completar toda la tarea; se trata de romper la inercia de la inactividad y empezar con pasos pequeños y manejables.

Los pequeños pasos son tu arma secreta. Transforman la monstruosa tarea de organizar el papeleo de todo un año en ordenar sólo unos pocos papeles hoy, unos pocos mañana y, antes de que te des cuenta, ya has terminado. Este método no sólo es más manejable, sino también menos desalentador. Crea confianza pieza a pieza, o papel a papel. Piensa en esto: si decides organizar un solo cajón de tu cómoda, es una tarea que puedes hacer en unos 5 minutos, y una vez que veas ese cajón ordenado, sentirás un impulso de logro. Esa es tu pequeña victoria y tu golpe de dopamina.

En cinco minutos, podrías despejar una pequeña sección de tu escritorio, ordenar tu correo o decidir cuáles de tus bolígrafos aún funcionan y cuáles deben ir a parar a la papelera. Todas ellas son tareas rápidas, pero una vez que las empiezas y las terminas, la sensación de logro es desproporcionadamente satisfactoria en comparación con el tiempo invertido.

Se trata de engañar a tu cerebro para que se ponga en marcha, que suele ser la parte más difícil. El principio es sencillo: es más fácil comprometerse con una tarea de cinco minutos que con un maratón de una hora. Una vez que empiezas, sueles encontrar el impulso para seguir adelante o, como mínimo, habrás hecho mella.

## Recompensar el éxito: el poder del golpe de dopamina

Celebrar cada éxito desempeña un papel crucial en este enfoque. Darse un pequeño capricho o un descanso después de completar cada tarea forma parte del proceso. Este refuerzo positivo libera un chute de dopamina que hace que el cerebro se ilumine como un árbol de Navidad. Se trata de crear una asociación positiva con las tareas que has realizado. Esto es importante porque transforma tu perspectiva de la organización de una tarea temida a una actividad que aporta recompensas tangibles.

Estas recompensas no tienen por qué ser grandes; sólo tienen que ser significativas para ti. Puede ser algo tan sencillo como una taza de té y un rato para leer una revista o un capítulo de un libro, dedicar tiempo a las manualidades o salir a dar un paseo al aire libre. Para tareas de mayor envergadura, puedes regalarte una noche de fiesta. Incluso puedes asignar una pequeña cantidad de dinero a determinadas tareas y, cuando las hayas completado, puedes gastar el dinero que has ganado en algo que realmente quieras, sólo para ti. Estas recompensas son cruciales: actúan como una pequeña palmadita en la espalda de tú a tú, reconociendo tus esfuerzos y animándote a seguir adelante.

Además, cada pequeño éxito crea un impulso que cambia la marea a tu favor. A medida que estas victorias se acumulan, empiezan a formar un nuevo hábito, una nueva forma de vida que conduce gradualmente a éxitos más considerables. Piensa en ello como tu bola de nieve del éxito personal. Cada victoria añade tamaño y velocidad a la bola de nieve, lo que facilita abordar tareas de mayor envergadura más adelante. Por ejemplo, una vez que hayas conseguido organizar ese cajón, te sentirás motivado para ocuparte del armario. Y después del armario, ¿quién sabe? Quizá pases al garaje o al ático. Se trata de desarrollar el músculo organizador, un pequeño levantamiento cada vez, hasta que antes de que te des cuenta, estés levantando pesos más pesados con facilidad.

Es útil anotar los progresos en un cuaderno o diario digital para que estas victorias tengan un impacto real. No se trata sólo de tachar tareas de una lista -aunque eso en sí mismo puede ser muy satisfactorio-, sino de ver de forma visual y tangible cómo se suman tus esfuerzos a lo largo del tiempo, lo que puede ser increíblemente motivador. Una forma eficaz de hacerlo es llevar un diario de éxitos. Al final de cada día, anota las tareas organizativas que has completado. Puede ser cualquier cosa, desde vaciar el armario de la cocina hasta establecer una nueva forma de controlar tus citas. Con el tiempo, hojear este diario puede darte una idea concreta de lo lejos que has llegado, convirtiendo lo intangible en algo que puedes ver y tocar.

Otro método eficaz es crear un tablero visual de progreso. Puede ser un tablero físico en tu espacio de trabajo o uno digital en tu computadora o teléfono. Cada tarea o proyecto recibe una tarjeta o una nota, y las mueves de un lado a otro del tablero a medida que avanzas. Ver cómo las tareas pasan físicamente de "Por hacer" a "Realizadas" proporciona una clara representación visual de tus progresos y puede ser una auténtica inyección de moral. Y todo empieza con sólo cinco minutos.

# Capítulo 7



Superar la parálisis por las tareas y la procrastinación:
El poder de la tarea de 5 minutos

Imagínatelo: estás delante de lo que yo llamo cariñosamente "el monte de la colada", ese montón de ropa que no para de crecer y que parece tener vida propia. Su enorme tamaño podría hacer que te dieras la vuelta, te metieras en la cama y te olvidaras de que hoy tenías que hacer la colada. Esto es lo que muchas personas con TDAH conocen demasiado bien como parálisis de tareas. Es ese pavor que te invade cuando piensas en empezar una tarea que te parece demasiado grande, demasiado abrumadora o compleja.

Entender la parálisis de tareas en el TDAH es como ir quitando las capas de un complejo rompecabezas. No se trata de pereza o falta de motivación, como algunos podrían suponer erróneamente. A menudo se trata de cómo nuestro cerebro percibe y procesa las tareas. Cuando una tarea parece enorme o imprecisa, el cerebro del TDAH puede quedarse paralizado, inseguro de por dónde empezar o temeroso de no completarla a la perfección. Esta respuesta es un mecanismo de protección, casi como la forma que tiene el cerebro de decir: "esto parece arriesgado; evitémoslo por completo". Pero, como sabemos, la evasión sólo conduce a más estrés y a hacer menos cosas. El alivio llega cuando nos damos cuenta de que no se trata de un fallo personal, sino de un reto común para muchas personas con TDAH. Esta comprensión puede quitarte un gran peso de encima, permitiéndote abordar el problema con una mentalidad orientada a las soluciones y no a la autoculpabilización.

Entonces, ¿cómo combatir esta parálisis? El truco está en dividir la monstruosa masa de una tarea en trozos más pequeños, del tamaño de un bocado, que tengan un principio y un final claros. Hablo de microtareas de 5 minutos que parezcan tan factibles que pienses: "¿Por qué no hacerlo y listo?". Por ejemplo, en lugar de enfrentarte a toda la montaña de ropa sucia, comprométete a clasificar sólo los calcetines. Sí, sólo los calcetines.

Esta microtarea reduce la carga cognitiva, por lo que es más fácil empezarla y es menos probable que provoque agobio. Y una vez que empieces y termines esta pequeña tarea, habrás conseguido una rápida victoria contra la parálisis por tareas. Esta victoria crea un efecto dominó, que a menudo te motiva para acometer la siguiente pequeña tarea, tal vez las camisetas a continuación, doblar las toallas, y así sucesivamente. La sensación de logro que producen estas pequeñas victorias puede ser una poderosa motivación que te anime a seguir adelante.

Antes de embarcarte en cualquier tarea, tómate un momento para visualizarte a ti mismo completándola. Este ensayo mental prepara al cerebro para la acción, reduciendo la ansiedad y el agobio que suelen asociarse a la tarea. La visualización no sólo te prepara mentalmente, sino que también ajusta tu estado emocional, haciéndote más resistente contra la parálisis que suele sobrevenir antes de una tarea.

## Afrontar la procrastinación: Estrategias de 5 minutos para comenzar cualquier tarea.

La procrastinación no tiene que ver con la pereza o la mala gestión del tiempo; para el cerebro con TDAH, suele ser una bestia más compleja. Ante una tarea que parece demasiado mundana o demasiado colosal, una persona con TDAH experimentará un pico de ansiedad, lo que te llevará a un comportamiento de evitación. Los circuitos dopaminérgicos de nuestro cerebro ansían una gratificación instantánea y, seamos sinceros, la mayoría de las tareas organizativas no ofrecen recompensas inmediatas y emocionantes. Esto puede hacer que el inicio de tales tareas parezca aún menos atractivo, creando un círculo vicioso de retraso y decepción.

Entonces, ¿cómo romper este ciclo? Empieza por reconocer que la procrastinación no es un defecto personal, sino un reto común para muchas personas con TDAH. Una estrategia eficaz que ya hemos visto es dedicar unos minutos cada mañana a escribir una serie de objetivos claros y alcanzables para cada día. Esta claridad reduce el desorden mental que puede paralizar el empezar. Es importante abordar este proceso con autocompasión. Sé amable contigo mismo y comprende que superar la procrastinación es un viaje, no una solución única.

## Conquistar la procrastinación: El poder del compromiso de cinco minutos.

La clave para romper el ciclo de la procrastinación es hacer que empezar sea lo más fácil posible. Aquí es donde entra en juego la magia del compromiso de cinco minutos. Ponte un cronómetro y prométete a ti mismo que abordarás la tarea durante sólo cinco minutos. A menudo, lo más difícil es empezar; una vez en marcha, es más fácil seguir. Este método ayuda a tomar impulso y, antes de que te des cuenta, puede que quieras continuar más allá de los cinco minutos iniciales.

Los cronómetros no sólo sirven para controlar el tiempo, sino también como estímulo psicológico, ya que crean una sensación de urgencia que ayuda a concentrarte. Para quienes padecen TDAH, entender que hay una hora de inicio y de finalización puede hacer que una tarea resulte menos desalentadora. Es como decirle a tu cerebro: "Oye, sólo son cinco minutos. Podemos encargarnos de eso". Este plazo limitado ayuda a aliviar la ansiedad de sentir que la tarea se alargará indefinidamente, lo que puede ser un importante factor disuasorio para empezar.

Alterar tu entorno también puede mejorar significativamente tu capacidad para iniciar tareas. Un espacio de trabajo desordenado puede distraer mucho y desmotivar. Tómate un momento para crear un entorno que fomente la productividad. Esto puede significar limpiar tu escritorio de objetos innecesarios, cerrar las pestañas de la computadora que no necesites o incluso cambiar tu ubicación física. A veces, un cambio de aires puede ser justo lo que necesitas para refrescar la mente y reducir la tentación de procrastinar. Si te cuesta empezar una tarea en el despacho de casa, prueba a trasladarte a la mesa de la cocina o incluso a una cafetería local. Un nuevo entorno puede proporcionar una nueva perspectiva, haciendo que la tarea parezca más manejable.

Además, ten en cuenta los aspectos sensoriales de tu entorno. La música ayuda enormemente a muchas personas: con tu lista de reproducción más animada a todo volumen, cualquier trabajo parece menos pesado.

Para algunas personas con TDAH, el ruido de fondo, como el de una cafetería concurrida, paradójicamente mejora la concentración, mientras que para otras, una habitación tranquila con un mínimo de distracciones funciona mejor. Experimenta con distintos ajustes para encontrar el que mejor te ayude a concentrarte. Organizar las herramientas y los materiales antes de empezar también puede ayudar. Si todo lo que necesitas está al alcance de la mano, por ejemplo un juego básico de productos de limpieza en cada habitación, la tarea parecerá menos engorrosa y será más probable que te lances a ella sin vacilar.

Acuérdate de recompensarte cada vez que completes una tarea. Tómate un descanso y haz algo que te guste durante unos minutos. Al dividir rutinariamente las tareas en microacciones, recompensarse por las pequeñas victorias y utilizar la visualización para preparar la mente, se transforma el enfoque de las tareas abrumadoras. Ya no son montañas de terror insuperables, sino una serie de pequeñas colinas, cada una manejable, cada una conquistable. Este enfoque no sólo te ayuda a superar la procrastinación y la parálisis por las tareas, sino que reconstruye tu relación con las tareas y la productividad, convirtiendo lo que antes era abrumador en algo que puedes gestionar con confianza, paso a paso.

Continúa este proceso para cada área que necesites organizar, dividiendo siempre las tareas más grandes en trozos más pequeños y manejables, y empezando siempre por los primeros cinco minutos. Recuerda, la clave aquí es la consistencia, no la velocidad. Se trata de hacer progresos constantes que te sirvan de base, en lugar de intentar hacerlo todo a la vez y quemarte. Piénsalo como poner ladrillos. Cada tarea que realizas es un ladrillo más en la estructura de tu vida organizada, y cada ladrillo cuenta, por pequeño que sea.

# Capítulo 8

Prepararse para el día siguiente:
La rutina nocturna de 5 minutos

Imagínate llegar a la noche con una sensación de calma, sabiendo que las tareas de mañana están ordenadas y listas. Ése es el poder de una rutina nocturna bien elaborada, especialmente para las personas con TDAH, en las que un poco de preparación puede reducir significativamente el caos y la fatiga por las decisiones de la mañana siguiente. Hablemos de ser amables con nuestro yo futuro y de convertir esos minutos cruciales de la noche en un trampolín para un mañana más tranquilo.

## El poder de la preparación

El secreto de una mañana sin estrés suele estar en el trabajo previo realizado la noche anterior. Prepararse para el día siguiente puede hacer que tus mañanas pasen de agitadas a armoniosas, reduciendo la carga mental que suele suponer empezar el día. Esta preparación puede consistir en decidir y preparar la ropa de mañana, preparar los almuerzos o anotar una lista rápida de tareas para el día siguiente. Cada una de estas acciones disminuye el número de decisiones que debe tomar por la mañana, conservando esa valiosa energía mental para tareas más exigentes a medida que avanza el día. Este enfoque racionalizado puede cambiar las reglas del juego y establecer un tono positivo para todo el día, especialmente para quienes tienen dificultades para tomar decisiones o se sienten abrumados por el exceso de opciones.

## Una sencilla rutina nocturna

Entonces, ¿cómo es una rutina nocturna eficaz? Es sencillo y rápido y se centra en los preparativos clave que marcan una gran diferencia.

1. **Empieza por vaciar la mente rápidamente para despejarla** Dedica cinco o diez minutos a anotar todo lo que se te pasa por la cabeza y necesitas recordar para el día siguiente: tareas, citas, recordatorios y cualquier otra cosa que se te agolpe en el cerebro. Veremos con más detalle el arte de vaciar la mente para despejarla en el capítulo 17.

2. **Identifica las tres tareas o prioridades más importantes**. Repasa lo que acabas de escribir y marca los tres puntos más importantes con una estrella, o resáltalos para que no se te olviden.

3. **Comprueba el clima que hará al día siguiente**. Esto puede ayudarte a tomar decisiones prácticas sobre qué

ropa ponerte y si necesitas prever tiempo adicional para tus desplazamientos.

4. **Haz algunos preparativos básicos.** Si tienes una cita o reunión importante para la que debes prepararte, dedica unos minutos a pensar qué necesitarás llevar contigo.

5. **Comprueba qué necesitan los niños para ir a la escuela al día siguiente**. Asegúrate de que tu lonchera, ropa de deporte y otros artículos estén listos para la mañana.

6. **Coloca los objetos esenciales -llaves, cartera, material de trabajocerca de la puerta.** Esto te servirá de plataforma de lanzamiento para el día siguiente, para que puedas tomarlo y salir sin pensártelo dos veces.

Estos pasos son pequeños, pero ayudan a automatizar tu proceso matutino, haciéndote más eficiente y menos propenso a olvidarlos o búsquedas frenéticas que a menudo pueden empezar el día con una nota estresante. Dedicar sólo unos minutos cada noche a preparar estas cosas creará un amortiguador contra las prisas de la mañana, que pueden ser especialmente estresantes para una mente con TDAH.

## Reflexión sobre los éxitos y los retos del día

Incorporar una breve reflexión a tu rutina nocturna también puede ser beneficioso. No se trata de detenerte en cada detalle del día, sino de tomarte un momento para reconocer lo que ha ido bien y lo que podría mejorarse. ¿Has encontrado una nueva forma de superar una distracción? ¿Has tardado más de lo previsto en realizar alguna tarea? Reconocer estos patrones puede proporcionar información valiosa que te ayude a ajustar tus estrategias y expectativas, haciéndote más experto en el manejo de los síntomas del TDAH a lo largo del tiempo.

Esta reflexión puede ser tan sencilla como reconocer mentalmente esos momentos o anotarlos en un diario. El acto de escribir puede ser especialmente terapéutico, ya que ayuda a despejar la mente y a establecer una intención positiva para el día siguiente. Es una oportunidad para celebrar las victorias, aprender de los retos y perfeccionar continuamente tu forma de vivir con el TDAH. Y entonces podemos seguir el consejo de Ralph Waldo Emerson: "Termina cada día y acaba de una vez. Has hecho lo que has podido. Sin duda se han colado algunas meteduras de pata y absurdos, olvídalos en cuanto puedas. Mañana será un nuevo día".

# Capítulo 9

Deshacerse del desorden 101

La pila maldita

Todos hemos pasado por eso. Estar de pie frente a una gran pila de desorden, preguntándote si la carpeta de ciencias de tu hijo, el cargador del teléfono, el zapato que falta o la factura de la luz sin pagar están sumergidos en algún lugar. Bienvenido a la pila que no se organizó y que solo se movió, un montón aparentemente aleatorio de objetos que se han ido acumulando con el tiempo.

Estos montones suelen estar formados por objetos que no tienen un lugar de almacenamiento designado, o cosas que has apartado con la intención de ocuparte de ellas más tarde, pero que nunca has llegado a hacerlo. Papeles, libros, ropa, artilugios, lo que se te ocurra: la basura junto con lo superimportante, y todo mezclado al azar en un montón desorganizado. No es de extrañar que se llamen "pilas de fatalidad", porque a menudo es cuando tenemos que enfrentarnos a ellas cuando nuestra sensación de pavor y agobio se dispara.

El montón de basura es un recordatorio visual de dos de las principales dificultades del TDAH: el reto de procrastinar y las dificultades para tomar decisiones y organizarse. Estos montones suelen formarse en lugares donde se tiende a dejar las cosas "por ahora". A medida que la pila crece, también lo hace el agobio, y nos resistimos a empezar a abordarla porque nos intimida demasiado. La buena noticia es que no estás solo, y hay formas de vencer este caos.

Pero antes de entrar en materia, dediquemos un tiempo a preparar nuestro kit de herramientas para la limpieza. Contar con las herramientas adecuadas puede hacer que la desalentadora tarea del desorden sea más llevadera e incluso agradable. Si tienes todo lo que necesitas a mano, podrás concentrarte y ser eficiente, y avanzar con paso firme hacia un entorno libre de desorden.

## Para tu kit de herramientas de desorden, necesitarás lo siguiente:

- Cuatro grandes contenedores de clasificación: cajas o cestos etiquetados como "Conservar", "Donar", "Basura" y una caja "Tal vez" para los objetos sobre los que no puedas decidirte inmediatamente.

- Suministros básicos de limpieza, como bolsas de basura, limpiadores multisuperficies y paños de microfibra, guantes, toallas de papel y un aspirador de mano.

- Soluciones de almacenamiento como cajas de plástico vacías, bolsas y estanterías abiertas, además de etiquetas y un rotulador.

- Un temporizador y una buena lista de reproducción, audiolibro o podcast que te guste escuchar.

- Bolsas de donación para transportar fácilmente los artículos a los centros de donación.

- Si estás despejando la oficina de casa, necesitarás notas adhesivas, archivadores y carpetas.

- Una recompensa en mente para seguir adelante cuando hayas completado con éxito tu objetivo.

## Elementos opcionales en función de tus necesidades específicas:

- Una caja o álbum de fotos para guardar fotos sentimentales

- Ganchos y perchas adicionales para optimizar el espacio del armario

- Kit de herramientas para desmontar muebles o reparar objetos.

## Hablemos de los organizadores colgantes de pared

- Los organizadores colgantes con múltiples bolsillos para la cocina, el baño, el armario y la oficina, ya sean de plástico

transparente o con bolsillos de tela, pueden hacerte la vida
fácil.

-   En la puerta del armario de la cocina puedes colgar un juego
    de bolsillos de plástico transparente para guardar salsas,
    condimentos, tarros y otros objetos que de otro modo se
    perderían en el fondo del armario.

-   En el cuarto de baño, el champú, las mascarillas para el
    pelo, el baño de burbujas, las almohadillas desmaquillantes,
    el esmalte de uñas, etc., serán fáciles de guardar y de
    encontrar.

-   En el pasillo, todos esos objetos pequeños pero importantes
    que tan a menudo se pierden -llaves, cargadores de teléfono,
    gafaspueden meterse en los bolsillos y volver a encontrarse
    fácilmente.

-   Para la habitación de los niños, estos bolsillos colgantes se
    pueden utilizar para guardar juguetes pequeños, mandos a
    distancia de juegos y esas importantísimas figuritas de Lego.

## Consejos para utilizar tu kit de herramientas deshacerte del desorden

1.  Mantenlas accesibles: coloca las cajas de almacenaje en
    un lugar de fácil acceso para que puedas depositar los
    objetos en una caja cada vez que sientas la necesidad.

2.  Reabastécete con regularidad: asegúrate de reponer
    los consumibles, como bolsas de basura y productos de
    limpieza, cuando sea necesario.

3.  Personaliza tu kit: ajusta y añade contenido en función de tus necesidades específicas.

4.  Duplica todo lo que puedas para tener los suministros que necesites listos y esperándote en cada habitación.

## El lado emocional de la limpieza

Antes de empezar, unas palabras sobre nuestro apego emocional a las cosas. Mucho de ello te puede robar mucha energía y puede convertirse fácilmente en una fuente de estrés. La verdad es que cuantas menos cosas tengas, menos cosas tendrás que ordenar. Eso no quiere decir que todos tengamos que convertirnos en minimalistas, pero a veces necesitamos ser despiadados y despejar el desorden, aunque a menudo sea realmente difícil.

Quiero que sepas que SÍ TIENES PERMISO para tirar cosas. No estás obligado a conservar cada nota, cada regalo, cada foto, cada dibujo infantil. Si tiras algo, eso no te convierte en mala persona. Estás haciendo que tu espacio sea más claro, más limpio y mejor para ti y para tu familia, y eso es un gran regalo. Hay objetos realmente preciosos que conservaremos para siempre, pero la mayoría de nuestras cosas son temporales. Tiene su lugar y su utilidad en nuestras vidas durante un cierto tiempo, y luego es hora de dejarlo ir, ya sea al gran montón de basura en el cielo, o a otro hogar para que una nueva familia lo use y disfrute. Tenemos que saber que esto está bien y que forma parte normal de la vida.

Así que, en primer lugar, encuentra la pila de tareas que te parezca más urgente y, a continuación, identifica una sección de esa pila que quieras abordar. Pon música, respira hondo y recoge tu primer objeto. A veces, es fácil: las cajas de pizza vacías y las revistas caducadas son un "tirar" instantáneo. Otros objetos son más difíciles de colocar, y puede que en algún momento te quedes atascado, sin saber qué hacer con un objeto concreto que parece demasiado bueno para tirarlo pero no lo suficiente para conservarlo. Para estos artículos, aquí tienes 10 preguntas clave que puedes hacerte a la hora de decidir si te lo quedas o lo tiras. Intenta responder con la mayor sinceridad posible.

## Las preguntas esenciales para deshacerte del desorden:

1. ¿Lo he utilizado en el último año?

2. ¿Lo necesito para ser productivo o feliz?

3. ¿Es inferior a 30 dólares y se tarda menos de 30 minutos en sustituirlo (en Amazon, en WalMart, etc.)?

4. Si lo perdiera, ¿volvería a comprarlo?

5. ¿Tengo otros artículos que hagan lo mismo?

6. ¿Tengo espacio para ello?

7. ¿Lo tengo «sólo por tenerlo»?

8. ¿Se beneficiaría alguien más que yo?

9. ¿Cuál es la verdadera razón por la que lo conservo?

10. ¿Merece la pena el esfuerzo de limpiar el polvo?

Estas preguntas te ayudarán a evaluar cada posesión con detenimiento. Preguntarse "¿uso o me gusta este objeto?" es la clave para saber si debe conservarlo o no. Podríamos resumirlo diciendo "si no te gusta o no lo usas, es desorden". El objetivo es identificar lo que ya no sirve a tu propósito, para crear un espacio más despejado, más feliz y más libre de desorden sin culpabilidad. Como dijo un sabio, tu casa es un espacio vital, no un almacén.

## Dos métodos de ordenación de eficacia comprobada

Hay dos gurús del desorden que han perfeccionado sistemas de orden y organización que han ayudado a innumerables personas a enfrentarse al problema de tener demasiadas cosas. Probablemente hayas oído hablar de ellos, e incluso puede que hayas comprado tus libros. Echemos un rápido vistazo a las distintas formas en que ambos abordan este tema y extraigamos los principios más útiles para nuestro plan de desorden.

En primer lugar, fijémonos en Dana K. White, cuyos libros *Decluttering at the Speed of Life* y *How to Manage Your Home Without Losing Your Mind* han vendido cientos de miles de ejemplares. Ella ha desarrollado un enfoque práctico y realista del desorden que resulta especialmente útil para quienes tienen dificultades con los métodos tradicionales de organización.

- El núcleo del método es el concepto de contenedor. Enseña que el propósito de un contenedor -un cajón, una estantería, una caja de almacenaje, incluso una habitación enteraes poner límites a la cantidad de cosas que guardas. Por ejemplo, si tienes una estantería, la estantería es el contenedor. Guarda sólo los libros que quepan en la estantería. Si hay más libros que estanterías, tienes que decidir qué libros son más valiosos o útiles para ti y desprenderte del resto. Este método consta de tres etapas principales:

- Definir el contenedor identificar el espacio o contenedor donde se almacenará un grupo de artículos.

17. Establece límites: guarda sólo lo que quepa cómodamente en ese contenedor. Si no encaja, tiene que irse.

- Prioriza Guarda primero los artículos más importantes y útiles. Todo lo que no encaje después de eso debe considerarse para donación o eliminación.

Este método consta de varios pasos específicos para despejar el desorden de manera eficaz.

- Haz primero lo fácil. Empezar por cosas fáciles reduce el agobio y crea impulso. Empieza por los objetos que sean basura obvia o que pertenezcan a otro lugar. Eliminar rápidamente estos elementos crea un progreso visible.

**Por ejemplo:** Recoge esa pila de revistas viejas y ponlas en la papelera de reciclaje, tira las latas de refresco vacías y cuelga el abrigo en medio del suelo.

- Crea un buzón de donaciones y mantenlo fácilmente accesible a medida que encuentres objetos que ya no necesites o utilices.

**Por ejemplo**: ropa vieja, aparatos de cocina duplicados, juguetes con los que ya no juegan sus hijos... ponlos directamente en la caja de donativos y llévela regularmente al centro de donativos de tu localidad.

- Identifica las zonas en las que el desorden tiende a acumularse debido a la procrastinación. Concéntrate en un área a la vez donde las cosas se acumulan porque pospones ocuparte de ellas.

**Por ejemplo:** una encimera de la cocina que acumula correo y objetos varios, o una silla en el dormitorio que se amontone con la ropa. Dedica unos minutos a despejar este espacio metódicamente.

- La regla "uno dentro, uno fuera": por cada artículo nuevo que introduzcas en casa, retira uno de los que ya tengas.

**Por ejemplo**: si te compras un par de zapatos nuevos, busca un par viejo que puedas donar. Esto ayuda a mantener el equilibrio de los objetos de tu casa y evita que se acumule nuevo desorden.

- Recoger en cinco minutos: Pon un cronómetro durante cinco minutos y recoge y guarda tantos objetos como puedas. Céntrate en las áreas visibles que tendrán un impacto más notable.

**Por ejemplo**: la encimera de la cocina, la mesa del recibidor y el suelo del salón.

Echemos ahora un vistazo a Marie Kondo, la consultora japonesa en organización y autora de *La magia del orden.* Se ha convertido en un fenómeno mundial gracias a su enfoque único para ordenar y organizar. Su método, conocido como el "Método KonMari", es detallado y reflexivo y pretende transformar no sólo tu espacio, sino también tu relación con tus pertenencias.

Estos son los principios fundamentales del Método KonMari:

- Comprométete a poner orden. El éxito de la limpieza requiere un compromiso genuino con el proceso. Toma la firme decisión de empezar y seguir adelante, y comprende que se trata de algo más que de organizar tu espacio; se trata de crear todo un cambio de estilo de vida.

- Visualiza tu estilo de vida ideal. Una visión clara de tu vida y tu hogar ideales proporciona motivación y dirección. Piensa por qué y qué quieres desordenar y cómo mejorará tu vida. Escribe o crea un tablero de visión de tus objetivos y del espacio vital deseado.

- Céntrate primero en descartar. Si lo haces antes, podrás ver exactamente cuánto espacio de almacenamiento necesitas y asegurarte de que sólo guardas lo que realmente importa.

## Categorías KonMari

El método de Marie Kondo consiste en ordenar por categorías, no por lugares. Esto te ayuda a ver la totalidad de tus pertenencias para que puedas tomar decisiones con mayor conocimiento de causa. Las categorías deben abordarse en un orden específico:

## Ropa

Empezar por la ropa suele ser más fácil porque suele haber un apego emocional menos intenso a la ropa.

- Reúne toda tu ropa de todas las partes de la casa y apílala en un solo lugar.

- Recoge cada objeto y pregúntate si "despierta alegría". Despertar alegría significa que un objeto produce una sensación de felicidad, positividad o entusiasmo al recogerlo.

- Conserva sólo los objetos que te produzcan alegría y desecha el resto.

- Organiza la ropa restante por tipos y guárdala de forma que sea fácilmente visible y accesible.

## Libros

- Los libros pueden acumularse rápidamente y a menudo tienen un valor sentimental, lo que hace más difícil desprenderse de ellos.

- Reúne todos tus libros en una misma zona.

- Trata cada libro individualmente y pregúntate si te produce alegría.

- Quédate sólo con los libros que realmente te interesen. No te sientas obligado a conservar libros que no has leído o que no tienes intención de releer.

- Guarda los libros en posición vertical en estanterías con el lomo hacia afuera.

## Documentos

- El desorden de papeles puede ser abrumador y absorber mucha energía.

- Reúne todos los papeles, incluidos recibos, facturas y documentos.

- Clasifícalos en tres categorías: pendientes (necesitan acción), importantes (deben conservarse) y descartados (ya no son necesarios).

- Recicla la pila de "descartes" y organiza los papeles esenciales en un sistema de archivo sencillo y accesible, o bien escanee y digitalice estos documentos para reducir el desorden físico.

## Komono (Artículos diversos)

- Esta categoría incluye diversos artículos domésticos que pueden desordenarse fácilmente.

- Divide esta categoría en subcategorías como artículos de cocina, artículos de baño, artilugios, etc.

- Toca cada objeto y pregúntate si te produce alegría o si tiene una utilidad real.

- Desecha los duplicados y los artículos que ya no necesites o no utilices.

## Objetos sentimentales

- Los objetos sentimentales son los más difíciles de desprenderse y deben tratarse en último lugar para asegurarte de que has perfeccionado tu capacidad de decisión.

- Reúne todos los objetos sentimentales, como fotos, cartas y recuerdos.

- Toca cada objeto y pregúntate si te produce alegría. Conserva sólo aquellos objetos que te aporten felicidad y buenos recuerdos.

- Guarda los objetos sentimentales en un espacio dedicado que haga honor a su importancia; por ejemplo, creando una caja de recuerdos para las fotos y cartas más preciadas, o exponiendo algunos recuerdos significativos donde puedas verlos a diario.

Esta técnica ha sido muy popular, y con razón. Sin embargo, existe el peligro para las personas con TDAH de que amontonar con entusiasmo un enorme montón de ropa en la cama o de libros en el salón les lleve rápidamente a la parálisis de tareas y al agobio, y se convierta en una pila de perdición por sí misma. Lo mejor, por tanto, es desglosar estas tareas por subcategorías. Por ejemplo, en lugar de ocuparte de toda la ropa a la vez, puedes empezar por los abrigos o las chaquetas, o hacer una selección de todos los zapatos. Para los papeles, empieza por un escritorio o cajón en lugar de ocuparte de todos los documentos a la vez. En la cocina, ocúpate de una encimera o armario cada vez.

Ambos sistemas fomentan la atención a los objetos nuevos y utilizan la regla de uno dentro, uno fuera para evitar que el desorden se vuelva a acumular. También es importante aceptar la imperfección y comprender que un hogar perfectamente organizado en todo momento no es realista. Busca el progreso, no la perfección, y céntrate en crear un espacio habitable y funcional en lugar de una habitación minimalista perfecta para Instagram. Es la mejor manera de mantener el rumbo de la organización y evitar el agobio.

## La regla de las manos llenas

Otra forma de mantener el desorden a raya con el mínimo esfuerzo es imponerse la norma de no salir nunca de una habitación con las manos vacías, porque siempre habrá algo en una habitación que deba llevarte a otra parte. Así, por ejemplo, si estás en el salón y te diriges a la cocina y ves que hay una taza de café vieja en la mesa auxiliar, no salgas de la habitación sin llevártela; si te diriges del dormitorio al cuarto de baño, recoge la ropa sucia y tírala al cesto de la ropa sucia mientras avanzas. Sal siempre de una habitación con las manos llenas. Esta regla maximiza la eficacia de tus movimientos y garantiza que cada salida de una habitación sea lo más productiva posible. Te anima a ser consciente de lo que te rodea y ayuda a evitar que se acumule el desorden.

Un último consejo, para aquellos que tienen capacidad económica y desean hacer una gran limpieza, alquilar un remolque volquete puede ser una gran forma de empezar. Normalmente tienen un plazo de una semana, lo que te mantendrá en el buen camino y te servirá de motivación para seguir adelante. Te encantará lo fácil que es desechar objetos en el remolque, y agiliza todo el proceso. Incluso puede llegar a ser bastante adictivo tirar cosas: cada espacio que despejas libera otro chute de dopamina y crea un ambiente más ligero y despejado en tu hogar.

# Capítulo 10



Felicidades, has hecho el trabajo duro de ordenar, has tomado las decisiones difíciles, te has despedido de las cosas que ya no necesitas y has creado un espacio muy necesario. ¿Y ahora qué? Es hora de hablar de limpieza y de mantener limpios y tu espacio recién despejado.

Mientras que el deshacerte del desorden consiste en tomar decisiones, purgar y organizar, la limpieza consiste en mantener. Se trata de asegurarnos que los espacios que tanto nos ha costado despejar sigan estando limpios y sean agradables para vivir. En los próximos capítulos, profundizaremos en cómo desordenar y limpiar distintas zonas de la casa, pero antes, veamos qué necesitas para empezar.

Los productos de limpieza son nuestras herramientas, y debemos tener a mano los adecuados. Es una muy buena idea tener un conjunto básico de artículos de limpieza almacenados en cada habitación -especialmente en la cocina, el baño, el dormitorio y el salón- para que no te quedes atascado en una tarea por falta de materiales de limpieza a mano, y puedas tomarlos rápidamente siempre que tengas motivación para hacer un sprint de 5 minutos.

## Estos son los productos de limpieza que necesitarás:

- Limpiador multiusos en un práctico atomizador.

- Limpiacristales para ventanas, espejos y superficies brillantes.

- Vinagre blanco en una botella de spray. Es ideal para las rayas en el cristal, pero también para eliminar olores persistentes como los de mascotas y cigarrillos.

- Una botella de spray desengrasante para la cocina.

- Toallitas desinfectantes, útiles para limpiezas rápidas; es bueno tener paquetes a mano en el baño y en las encimeras de la cocina.

- Limpiador de ducha semanal Wet & Forget que se pulveriza, se deja y se aclara.

- Paños de microfibra, ideales para quitar el polvo y abrillantar.

- Un pequeño aspirador de mano recargable. A veces, sacar un aspirador grande de un armario desordenado puede resultar abrumador y paralizar la tarea, por lo que, para los trabajos más pequeños, un aspirador de mano que se apoye en la encimera es fácil de tomar y puede ayudar a reducir la resistencia a empezar.

- Un recogedor y un cepillo son ideales para barrer rápidamente el suelo de la cocina.

- Trapeador y cubeta para lavar suelos de madera, vinilo y baldosas.

- Las esponjas dobles con un lado de lana de alambre y otro de esponja son buenas para las manchas más difíciles.

- Bolsas de basura: ten siempre una buena provisión.

## El truco de "limpiar mientras esperas

Una de las mejores formas de limpiar en 5 minutos es la técnica de "limpiar mientras esperas". Así se aprovechan los momentos "muertos" en la cocina, cuando se espera a que se caliente la comida o a que hierva la tetera. A ver cuánto puedes hacer en los 5 minutos que tarda el microondas en calentar la comida y en enfriarse para que no te queme la boca. Te sorprenderá lo que puedes conseguir en esos ratos muertos: descargar el lavavajillas, sacar la basura, limpiar la encimera de la cocina. Y puedes hacer lo mismo durante las pausas publicitarias cuando veas tu programa de televisión favorito.

## Los 10 mejores trucos de limpieza

Aquí tienes una lista de 10 estupendos trucos de limpieza que te ayudarán a mantener la casa limpia con el mínimo esfuerzo:

1. Limpia siempre de arriba abajo. El polvo y la suciedad caen, así que querrás asegurarte de no tener que limpiar dos veces.

2. De seco a húmedo: empieza con la limpieza en seco, como quitar el polvo y barrer, y luego pasa a tareas húmedas, como fregar y pasar el trapo.

3. Quitar el polvo con hojas de secadora. Utiliza hojas de secadora para quitar el polvo de tus superficies, aparatos electrónicos, persianas, rodapiés y adornos. Recogen mucho más polvo que los plumeros tradicionales y dejan un agradable aroma. También dejan un rastro de residuo antiestático que es un eficaz repelente del polvo.

4. Antes de limpiar el microondas, coloca un recipiente con agua y una rodaja de limón y caliéntalo durante dos minutos. El vapor afloja la suciedad, facilitando la limpieza.

5. Ten una escobilla de goma en la ducha y utilízala para limpiar las paredes y puertas de cristal después de cada uso. Es un trabajo rápido que ayuda a prevenir la cal, las manchas de agua y la acumulación de restos de jabón.

6. Ten toallitas desinfectantes en el cuarto de baño para limpiar rápidamente el lavabo, el grifo y el asiento del inodoro todos los días. Una limpieza regular puede eliminar la necesidad de una limpieza a fondo.

7. Pasa la aspiradora antes de quitar el polvo, ya que las aspiradoras suelen levantar polvo que se envía al aire y se posa en sus superficies. Un rodillo quitapelusas puede ser estupendo para recoger el polvo de superficies difíciles como pantallas de lámparas, muebles tapizados e incluso asientos de coche.

8. Al guardar la despensa, intenta despejar un estante del refrigerador y límpialo con un paño antes de llenarlo de alimentos. Mantiene limpio el interior del refrigerador sin grandes esfuerzos.

9. Utiliza un cepillo de dientes para las pequeñas grietas. Un cepillo de dientes viejo es perfecto para limpiar zonas pequeñas y de difícil acceso, como las líneas de lechada y alrededor de los grifos. Basta con sumergirla en un poco de líquido limpiador, o en una mezcla de vinagre y bicarbonato, y frotar.

10. Trata las manchas inmediatamente. Ten a mano un pequeño bote de quitamanchas en spray para que, cuando se produzca un derrame o una mancha, puedas eliminarla de inmediato. Así evitarás tener que fregar y tratar las manchas incrustadas más tarde.

## Establece hábitos regulares

Uno de los aspectos más importantes de la limpieza es la regularidad y la constancia. Cuanto más regularmente limpies, menos tendrás que hacer la temida "limpieza a fondo", que es una tarea más complicada. Tener un horario de limpieza puede ser de gran ayuda: saber que los lunes se pasa el aspirador, los martes se limpia el baño y los miércoles las encimeras de la cocina puede ayudar mucho a mantener el rumbo.

Si limpias regularmente las superficies y reduces al mínimo la acumulación de polvo y suciedad, dedicando sólo cinco minutos aquí y cinco minutos allá, necesitarás menos tiempo y esfuerzo para mantener la casa limpia. Es más fácil añadir un paso más a un trabajo en el que ya estás triunfando, que empezar una tarea completamente nueva. Dicho esto, todos sabemos que la vida pasa, y si no puedes limpiar nada durante un tiempo, no te estreses. Continúa donde lo dejaste cuando tengas más motivación y energía. Y no olvides celebrar cada victoria y darte recompensas. Reconocer tus esfuerzos es muy importante para mantener la motivación.

## Respiración profundala limpieza profunda

Llegará un momento en que ciertas zonas de la casa necesiten una limpieza a fondo. La limpieza en profundidad va más allá de la superficie para eliminar la suciedad acumulada que una limpieza normal podría pasar por alto. Lleva más tiempo que una limpieza de mantenimiento normal, pero puedes dividirlo en pequeños trozos planificándolo con antelación. Aquí tienes algunos buenos consejos para empezar tu limpieza a fondo.

1. Tómate tu tiempo para hacer una lista de comprobación de cada habitación y coloca las tareas que requieren más atención al principio de la lista.

2. Reúne todos tus suministros para tenerlo todo fácilmente a mano. Invierte en herramientas y productos de limpieza de buena calidad que te faciliten la tarea.

3. Elige una zona de la habitación para trabajar en ella a la vez y evitar agobios. De este modo, aunque no termines una habitación entera en una sesión, habrás empezado con buen pie.

4. Programa un temporizador de 5 minutos para ponerte en marcha, y luego tómate un descanso si lo necesitas. Sigue trabajando durante un máximo de 35 minutos y tómate un descanso más largo cuando se acabe el tiempo.

5. Podcasts, audiolibros, música y tus programas de televisión favoritos son tus amigos aquí. Es más divertido limpiar con *Los Simpson*, Beyoncé o un apasionante audiolibro de fondo. Es casi tan bueno como tener un doble.

6. Las aplicaciones y sitios web para doblar el cuerpo (véase más abajo) pueden ayudarte emparejándote con otra persona en línea que también esté trabajando en una tarea. Se mantienen mutuamente responsables de una hora de trabajo concentrado.

Aquí tienes un resumen de las principales tareas de cada habitación. Por supuesto, es posible que tengas otras que puedas añadir, pero a veces es útil tener una visión general básica de las tareas más importantes.

## Cocina

- Limpia a fondo el interior del refrigerador y el congelador: saca todos los alimentos y limpia todos los estantes y superficies con agua caliente y bicarbonato.

- Limpia el horno, los fogones y el microondas.

- Limpia todas las encimeras y los salpicaderos.

- Friega el fregadero y limpia la zona alrededor de los grifos. Vierte media taza de bicarbonato por el desagüe, seguida de media taza de vinagre. Déjalo efervescer durante unos minutos y luego enjuágalo con agua caliente. Esto ayudará a mantener el desagüe limpio.

- Barre y trapea el suelo.

- Vacía los armarios y cajones y limpia las superficies interiores.

- Poner en marcha un ciclo de limpieza en el lavavajillas y la lavadora

## Sala de estar

- Lava las alfombras con champú y lava las cortinas. Considera la posibilidad de alquilar una limpiadora de vapor una vez al año para este trabajo.

- Limpia las persianas. Ponte un calcetín viejo en la mano, sumérgela en una mezcla de vinagre y agua a partes iguales y pasa la mano por las lamas de las persianas para eliminar el polvo y la suciedad.

- Aspira detrás y debajo de los muebles.

- Limpia los zóclos con un paño húmedo o una hoja de secador, para repeler el polvo.

- Limpia y desempolva las aspas del ventilador: utiliza una funda de almohada vieja para deslizarla sobre el aspa del ventilador y jala hacia atrás para recoger todo el polvo y evitar que caiga en la sala.

# Cuarto de baño

- Friega la ducha y la bañera y limpia las líneas de lechada y las zonas alrededor del grifo con un cepillo de dientes viejo.

- Limpia el interior de la taza del váter con una escobilla y limpia el asiento, la tapa y el asa con toallitas desinfectantes.

- Friega el fregadero y la encimera y limpia los espejos con limpiacristales para eliminar las manchas de agua.

- Friega el suelo, especialmente la zona alrededor del lavabo y el inodoro.

# Dormitorio

- Lava toda la ropa de cama, sábanas, fundas de almohada, etc. Lava y seca las almohadas y edredones.

- Aspira el colchón y limpia cualquier mancha. Considera la posibilidad de utilizar un protector de colchón para mantenerlo limpio.

- Limpia el polvo de todas las superficies, incluidas mesillas de noche, estanterías y armarios, lámparas y ventiladores de techo.

- Aspira debajo de la cama y otros muebles.

## Hablemos de la duplicación corporal.

Una de las formas más eficaces de ayudarte a empezar y seguir adelante con un gran proyecto de limpieza es la duplicación corporal. Se trata de una estrategia en la que tienes a otra persona físicamente presente para ayudarte a mantener la concentración y la motivación. No tienen por qué estar haciendo la misma tarea que tú y ni siquiera tienen que estar en la misma habitación que tú; la idea es que tu presencia aumente tu responsabilidad y dificulte que te distraigas. Tu doble puede ser un amigo, un familiar, alguien al otro lado de la línea telefónica o incluso alguien que hayas encontrado en una comunidad en línea. La clave está en tener a alguien que te ayude a mantener el rumbo.

Esto cambia las reglas del juego para algunas personas. Hay algo en la responsabilidad social de bajo nivel que simplemente encaja. Tener a otra persona allí aumenta la sensación de estar vigilado, lo que hace más difícil distraerse. Incluso si tu doble se limita a relajarse y ver la televisión mientras tú limpias la cocina, tu presencia hace que sea más fácil resistirse al impulso constante de abandonar el barco.

Por supuesto, es aún mejor cuando se arremangan y trabajan a tu lado. Esto crea un sentido de propósito compartido y motivación para seguir trabajando, lo que puede ser mucho más divertido y gratificante que hacerlo solo. Es como tener un compañero de equipo a tu lado, que te anima y te ayuda a mantener la concentración.

La duplicación corporal puede tener lugar en línea, con aplicaciones como Dubbii(https://www.dubbii.app) Deepwrk(https://www.deepwrk.io), RescueTime(https://www.rescuetime.com) y Flow Club(https://www.flow.club) que conectan a adultos con TDAH en una comunidad en línea. Tu doble en línea actuará como tu compañero de trabajo o de desorden, y también podrás utilizar las herramientas de gamificación y las sesiones de concentración guiadas para motivarte, escapar de las distracciones y no desviarte del objetivo.

Compartir tus éxitos de limpieza y desorden con otras personas también puede amplificar su impacto. Ya sea publicando en las redes sociales fotos del antes y el después de tu espacio recién organizado o simplemente contándole a un amigo tus progresos, compartirlos puede reforzar tu sensación de logro. También te permite celebrarlo juntos, multiplicando la alegría de su éxito. Además, compartir tu viaje puede inspirar a otros a embarcarse en sus propios esfuerzos organizativos, extendiendo aún más las vibraciones positivas.

## Hemos llegado al final de la Parte I

Así pues, aquí estamos ya al final de la primera parte. ¿Qué hemos aprendido hasta ahora? Bueno, ya hemos establecido lo básico. Hemos analizado algunos de los mitos y conceptos erróneos sobre el TDAH y algunos de los retos específicos a los que se enfrentan las personas con TDAH. Hemos estudiado qué tipo de métodos de organización pueden funcionarte mejor y, lo que es más importante, hemos hablado del poder de la tarea de cinco minutos para vencer la procrastinación y tomar impulso. Hemos estudiado muchas formas de hacer frente a los monstruos gemelos del desorden y la limpieza, y sabemos qué herramientas necesitamos. Ahora tenemos una idea muy clara de cómo empezar.

En la segunda parte de este libro, profundizares en algunas de las zonas principales de la casa: la cocina, el dormitorio, el salón, etc., para que puedas aplicar lo que ya has aprendido a zonas concretas del hogar. También veremos formas de despejar el desorden digital, consejos para planificar las comidas y hacer la compra, cómo animar a los niños a ordenar sus espacios y, lo que es más importante, cómo iniciar el proceso de limpieza emocional y dedicarte tiempo. Nos vemos por allí.

# Capítulo 11



La cocina es el corazón de cada hogar, donde cocinamos, comemos, socializamos y a veces incluso trabajamos. Mantenerla limpia puede parecer una tarea interminable, porque nueve de cada diez veces es también la habitación más desordenada de la casa, con montones de platos sucios, correo sin clasificar, miscelánea doméstica y envases de comida. Así que probablemente seas el primer lugar donde se desencadenen sentimientos de agobio y parálisis por las tareas. El mero número y volumen de objetos que hay que limpiar y despejar parece abrumador, y la complejidad de la tarea, con tantos pasos diferentes, puede llevar a la procrastinación y a sentimientos de estrés.

La mejor forma de empezar a ordenar y limpiar la cocina es fijarse una hora para empezar. Por ejemplo, ponte una alarma en el móvil y dite que a las 10.30 en punto vas a empezar a trabajar en la cocina. Prométete que sólo tendrás que hacer un mínimo de 5 minutos de limpieza. Empieza por centrarte en lo que puedes ver. Se trata de obtener una gratificación instantánea que alimente la acción posterior. Toma tus cajas de "guardar", "descartar" y "basura" y ponte un cronómetro. Comprométete a dedicar cinco minutos a barrer las encimeras. Este es un buen punto de partida, porque las superficies despejadas se ven mejor al instante y te dan espacio para preparar las comidas sin tener que apartar antes una montaña de objetos varios. Todo lo que no debe estar en la encimera, ya sea porque no se utiliza con frecuencia o porque está fuera de lugar, parará a una de las cajas. Si no estás seguro, utiliza la caja "Tal vez". Ahora se trata de despejar el desorden visual. Te sorprenderá la diferencia que pueden suponer cinco minutos. Despejar los mostradores proporciona un alivio visual inmediato y una sensación de logro increíblemente motivadora.

## Cosas que hacer para ganar en la cocina en 5 minutos

Una vez que hayas eliminado los estantes y si tienes motivación para continuar, busca otras victorias rápidas. Estas tareas son lo bastante pequeñas como para abordarlas en breves ráfagas, pero lo bastante impactantes como para marcar una diferencia notable. ¿Qué tal esos platos? Llena el fregadero con abundante agua caliente y detergente, sube el volumen de la música y ponte el reto de fregar tantas sartenes, tazas y platos como puedas en 5 minutos. Una vez que te pongas en marcha, te sorprenderá lo rápido que puedes hacerlo.

Ahora piensa en organizar uno de los cajones, y pregúntate por cada objeto: ¿es realmente útil y funcional, o te hace sonreír? Si no es así, deséchalo. Organiza el resto de utensilios de cocina por frecuencia de uso, guardando los objetos cotidianos al alcance de la mano y los menos utilizados en espacios menos accesibles.

Otras tareas en la cocina, como ordenar un estante de la despensa, vaciar los artículos caducados del refrigerador o limpiar el horno, pueden hacerse en unos cinco minutos, y cada tarea que realices dejará un rincón menos de caos en tu cocina. El truco está en hacerlo sencillo y específico. Programa un temporizador y ¡adelante! Verás que estos pequeños esprints de desorden y limpieza se acumulan rápidamente, reduciendo significativamente el desorden general de tu cocina. Aquí tienes más ideas de tareas rápidas de 5 minutos que te ayudarán a mantener tu cocina limpia y manejable.

- Limpia las encimeras.

- Barre el suelo.

- Saca la basura o el reciclaje.

- Guarda los platos limpios que se sequen en la rejilla.

- Limpia la mesa del comedor.

- Dedica unos minutos a organizar una estantería de la despensa y tirar los artículos caducados.

- Limpia los electrodomésticos: la tostadora, la cafetera y el microondas.

## Sistemas sencillos y fáciles de mantener para organizar la cocina

Ahora, hablemos de sistemas. A largo plazo, la clave para mantener tu cocina limpia y libre de desorden es implantar sistemas de organización sencillos que puedas mantener fácilmente. Esto no significa que necesites un montaje elaborado digno de una revista del hogar. En su lugar, céntrate en soluciones funcionales y fáciles de mantener.

- Utiliza separadores de cajones para los utensilios, de modo que cada cosa tenga su sitio y no acabes desordenada.

- Invierte en recipientes transparentes y bolsillos colgantes para tu despensa para mantener los alimentos visibles y accesibles.

- Etiqueta los estantes del refrigerador para designar las zonas destinadas a condimentos, bebidas, sobras, etc.

- Coloca una caja o una cesta en un lugar visible de la encimera o la mesa de la cocina, como "zona de descarga" para todos los papeles, cartas, facturas y circulares escolares que, de otro modo, quedarían tirados por ahí.

Estos sencillos sistemas son eficaces y te darán la seguridad de que puedes mantener el orden día tras día.

## La regla del minuto

Mantener el orden en tu cocina consiste en incorporar a tu rutina diaria pequeños hábitos que eviten que el desorden vuelva a acumularse. Un hábito eficaz es la "regla del minuto":

si una tarea puede hacerse en un minuto o menos, hazlo inmediatamente. Puede ser cualquier cosa, desde volver a poner las especias en el estante después de cocinar hasta colgar el paño de cocina en lugar de dejarlo en la encimera. Además, acostúmbrate a hacer un barrido rápido de la cocina cada noche, reordenando las zonas que se hayan desorganizado a lo largo del día. Estos rápidos reajustes diarios ayudan a que tu cocina tenga un aspecto siempre limpio y hacen que el espacio sea más agradable de usar.

## Crear una zona para dejar cosas

Otro gran consejo es que te hagas con una cesta, un clasificador o una caja de archivo para la "zona para dejar cosas" de la cocina, donde estarán todas las facturas, el correo sin abrir, las circulares del colegio y otros documentos. Coloca la caja o cesta en un lugar visible y de fácil acceso para todos. Así, tú y el resto de la familia podrán depositar allí todos los documentos, el correo y otros papeles para que no se pierdan. Dedica unos minutos una vez a la semana a ordenar la caja, reciclar o triturar los papeles que no necesites y ocuparte de lo importante antes de que caduque.

Siguiendo estos pasos, puedes transformar tu cocina de un punto conflictivo a un espacio racionalizado que te ayude en tu vida diaria. Recuerda que el objetivo no es la perfección, sino la funcionalidad y la facilidad. Así que respira hondo, pon el cronómetro en marcha y prepárate para que tu cocina se convierta no sólo en un lugar donde cocinar, sino en un espacio donde la creatividad y la calma coexistan a las mil maravillas. Y no olvides recompensarte cuando termines.

# Capítulo 12



ORGANIZACIÓN DE LA SALA DE ESTAR:

SOLUCIONES RÁPIDAS PARA UN ESPACIO ACOGEDOR

Ah, la sala, ese centro multifuncional donde te relajas, charlas, ves series y te tropiezas a menudo con una colección aleatoria de juguetes, zapatos y otras cosas que no deberían estar ahí. Hagamos de ello un espacio que invite a la calma y la comodidad en lugar de al caos y el desorden.

En primer lugar, identifica tus áreas de interés. ¿Dónde tiende a acumularse la pila de desorden? Tal vez sean las pilas de revistas y el correo sobre la mesita o los mandos a distancia y los aparatos de juego desparramados por el sofá. O tal vez sean los zapatos y bolsos que parecen haber fijado tu hogar alrededor de tu sofá. Localizar estos puntos conflictivos te proporciona un objetivo claro para tus misiones de desorden rápido.

Una vez identificadas estas zonas, se trata de despejarlas rápidamente. No es el momento de revisar todas las revistas con la precisión de un arqueólogo. En lugar de eso, pon el cronómetro en marcha y desafíate a tomar decisiones rápidas.

Tira toda la basura para ganar fácilmente, luego decide si te la quedas, la tiras o la donas: haz caso a tu instinto y muévete rápido. Si hace meses que no lo usas o no te da alegrías, es hora de despedirte.

Hablemos ahora de uno de los trucos más sencillos y eficaces para mantener la sala ordenada: las cajas y los cestos. No son simples contenedores, son tus aliados para eliminar el desorden. Elige un par de cestos elegantes o cajas bien decoradas que complementen tu decoración y utilízalas para acorralar los objetos más importantes y de uso más frecuente. Esta estrategia no es sólo de almacenamiento, sino de accesibilidad y facilidad. Cuando todo tenga un hogar designado, plantéate qué hacer con el resto de las cosas que no caben en las cajas de almacenaje. O los donas o los tiras.

Una vez que hayas liberado espacio en el suelo y en las superficies, y si aún tienes motivación y energía, programa un temporizador y pasa rápidamente el aspirador y limpia las superficies con un plumero o un paño húmedo. Esto ayudará a refrescar la habitación y marcará una gran diferencia en la sensación de limpieza. El desorden y el polvo absorben mucha energía, y es increíble cómo mejora el ambiente de una habitación cuando, además de limpia, está libre de desorden.

Crear un entorno relajante va más allá de ordenar; también consiste en crear ambiente. Piensa en la disposición de los muebles: ¿facilitan el movimiento o contribuyen al desorden? A veces, una simple reorganización puede mejorar significativamente la fluidez y la sensación de la habitación. Involucra a la familia en una reorganización. Busca una distribución abierta y acogedora que evite la acumulación de desorden. Coloca los asientos de forma que fomenten la conversación y la comodidad. Incorpora una iluminación suave para mejorar el ambiente: piensa en lámparas con bombillas cálidas en lugar de lámparas de techo duras. Estos toques fomentan la relajación y hacen de tu sala un verdadero refugio del ajetreo y el bullicio de la vida cotidiana.

Por último, aplicar una rutina diaria de mantenimiento de cinco minutos puede hacer maravillas. No se trata de una limpieza a fondo, sino más bien de una limpieza rápida para reajustar el espacio cada día. Dedica cinco minutos cada noche a limpiar las superficies, mullir los cojines y devolver a su sitio cualquier objeto que esté fuera de su sitio. Este hábito diario mantiene el salón en perfecto estado y lo convierte en un espacio más agradable para relajarse al final del día. Considérelo un regalo para ti y tu familia: un espacio sereno que te reciba cada mañana y te dé la bienvenida cada noche.

Centrándote en estas áreas críticas, utilizando soluciones de almacenamiento inteligentes, creando una distribución acogedora y manteniendo el espacio con sencillas rutinas diarias, puede transformar tu sala en un remanso de paz y relajación. Así que tómate un momento, mira a tu alrededor y empieza a imaginar tu sala no sólo como es, sino como podría ser: un espacio hermoso, tranquilo y libre de desorden.

# Capítulo 13



Imagina que entras en tu dormitorio después de un largo y ajetreado día. ¿Invita la habitación a la calma y la relajación, o te da una sensación de hundimiento y te recuerda todas las tareas que te esperan? El ambiente de un dormitorio puede influir significativamente en la calidad del sueño y los niveles de estrés, transformándolo de un mero lugar para dormir en un santuario de serenidad. Para aquellos que se enfrentan a la vida con TDAH, y para quienes desconectar a menudo puede parecer una tarea en sí misma, un dormitorio desordenado y bien organizado se convierte no sólo en un lujo, sino en una necesidad.

La importancia de mantener un dormitorio tranquilo va más allá de la estética. El desorden es un irritante visual y mental que drena nuestra energía y mantiene nuestra mente en un estado de estrés de bajo nivel. Es como un ruido de fondo que no notas hasta que se acaba. Al despejar tu dormitorio, dispondrás de un espacio en el que podrás apagar eficazmente este ruido, lo que permitirá a tu mente relajarse y prepararse para el descanso. Ajusta el temporizador a 5 minutos y empieza por las superficies visibles, como mesillas de noche y cómodas. Deshazte de todo lo que obviamente sea basura o no pertenezca al dormitorio: recibos al azar, tazas de café viejas, la colada de la semana pasada que nunca llegó al armario. Incluso estos pequeños ajustes pueden suponer una gran diferencia a la hora de cambiar la atmósfera de la habitación de caótica a tranquila.

A continuación, te proponemos otras soluciones rápidas que pueden transformar tu dormitorio sin necesidad de dedicarle un fin de semana entero. Empieza por el suelo, alrededor de la mesilla de noche, que suele ser un punto de acumulación de objetos varios. Dedica sólo cinco minutos a limpiar revistas viejas, artilugios en desuso o baratijas que han perdido su significado. Después dedica otros cinco minutos para meterte debajo de la cama. Este espacio, a menudo olvidado, puede ser un caldo de cultivo para el polvo y los objetos perdidos hace tiempo. Despejarla no sólo proporciona espacio de almacenamiento adicional, sino que también contribuye a la limpieza y energía generales de su habitación.

¿Qué te parece el "armario flotante", ese reguero de ropa que abarrota el suelo? Pon el cronómetro en marcha y desafíate a recoger toda la ropa que puedas en cinco minutos, echando la ropa sucia en el cesto de la ropa sucia y dejando el resto junto al armario para colgarla cuando tengas la motivación necesaria.

## Afrontar el armario

Ahora, ¿qué hay de ese armario? A menudo puede resultar una tarea desalentadora, pero dividirla en pequeñas tareas y manejables puede hacer que incluso este gran trabajo sea más asequible. Empieza por fijar objetivos claros. ¿Quieres crear más espacio en el armario o un sistema mejor para guardar tu ropa?

En segundo lugar, identifica las tareas que te llevarán sólo 5 minutos y marcarán la diferencia.

- Empieza por recoger y retirar todas las perchas vacías. De este modo, dispondrás al instante de más espacio y de una visión más clara de lo que hay en el armario.

- A continuación, toma la ropa que necesites lavar y ponla en el cesto de la ropa sucia.

- Después puedes empezar a ordenar tus accesorios: cinturones, bufandas, sombreros, etc. Revisa rápidamente estos objetos y decide qué vas a conservar, donar o tirar.

- Dedica unos minutos a emparejar los zapatos y forrarlos ordenadamente o colocarlos en un organizador colgante.

- Mientras lo haces, puedes decidir si conservas o donas los zapatos que hace tiempo que no te pones.

Entonces podrás empezar a clasificar tu ropa. Pero no intentes hacerlo todo de un jalón. Céntrate en una categoría cada vez: ropa interior, camisetas, jerséis, etc. Tal vez hagas una o dos categorías al día, para no acabar creando enormes montones de ropa que podrían convertirse en nuevos montones de perdición por sí mismos.

A continuación te explicamos cómo clasificar tu ropa:

- Toma cada prenda una a una y pregúntate si te la has puesto en el último año, si te aporta alegría y si combina con cualquier otra cosa de tu armario.

- Si estás indeciso, puedes probarte una prenda y preguntarte "¿me gusta cómo me siento con esto?". Si no, debería irse.

- Verifica si hay prendas que quieres conservar, pero que necesitan pequeños arreglos (falta de botones, pequeños desgarros o manchas) y apártalas para arreglarlas más tarde o llevarlas a la tintorería.

- Fíjate en los tejidos con muchas bolitas, los elásticos que hayan perdido su encanto, las prendas que tengan manchas que no puedas quitar o los desgarros que no tengan arreglo. Deberían ser un "lanzamiento" instantáneo.

- Dona la ropa que casi nunca te has puesto, y no te sientas culpable por ello: estarás dando a otra persona la oportunidad de disfrutar de una prenda que te quedaba genial en la tienda pero que no te sentaba lo suficientemente bien en la vida real.

Una vez que puedas volver a ver el suelo y las estanterías estén despejadas, y si te sobra energía y motivación, puedes aspirar o barrer el suelo de tu armario y limpiar las superficies para eliminar el polvo. Estas tareas rápidas, que se pueden llevar a cabo en cortos periodos de tiempo, reducen el agobio y producen resultados visibles que convierten el armario en un espacio del que se puede disfrutar en lugar de temer. Ahora, tómate un descanso y date una recompensa. Te lo mereces.

Por último, incorporar una rutina nocturna de restablecimiento puede mejorar mucho la tranquilidad de tu dormitorio. No tiene por qué ser un proceso largo; basta con unos minutos cada noche para mantener el orden y la comodidad de tu espacio. Esto puede incluir tareas como doblar mantas, rellenar almohadas, colocar la ropa en el cesto de la ropa sucia o en el armario y dejar los zapatos a un lado. También es un momento excelente para prepararte para el día siguiente. Tiende tu ropa, rellena tu botella de agua o prepara cualquier cosa que necesites para la mañana. Esto ayuda a mantener tu dormitorio ordenado y te prepara para un comienzo más tranquilo al día siguiente.

# Capítulo 14



Si la mera mención de lavar te hace imaginarte un ciclo interminable de lavar, secar, doblar y repetir, no estás solo. Para las personas que padecen TDAH, la gestión de lavar puede ser como intentar domar a una bestia a la que le crecen dos cabezas por cada una que le cortas. Dividiremos el proceso de lavado en pasos manejables, para que sea menos una tarea y más un triunfo.

## Simplificar el proceso de lavado

Lavar ropa se vuelve mucho menos desalentadora cuando divides el proceso en pasos más pequeños y digeribles. Para empezar, separa las tareas de la lavandería en distintas fases: clasificar, lavar, secar, doblar, planchar y guardar. Afronta cada etapa por separado y permítete hacer una pausa entre ellas. Por ejemplo, hoy podrías clasificar la lavandería en diferentes montones: blancos, de color, delicados. Mañana, a lavar la ropa blanca. Este enfoque hace que la colada resulte menos abrumadora y permite centrarte plenamente en una tarea manejable cada vez, reduciendo la probabilidad de que el TDAH provoque agobio.

## Tareas de lavandería en 5 minutos

Ahora, añadamos un poco de magia a la mezcla con tareas de 5 minutos. Aquí tienes algunas sugerencias para dividir la lavandería en tareas más pequeñas y manejables que pueden ayudarte a mantenerte al día. Programa un temporizador de cinco minutos y comprueba cuánto puedes hacer. Te sorprenderá ver cómo unos minutos aquí y allá pueden suponer un gran avance.

- Clasificar la ropa: Separa la ropa en montones diferentes -blanca, oscura y de color y en otro para las prendas delicadas. Esto ayuda a agilizar el proceso de lavado.

- Tratamiento de las manchas: Dedica unos minutos a aplicar quitamanchas en la ropa antes de meterla en la lavadora. Este tratamiento previo puede marcar una gran diferencia.

- Inicio de un ciclo de lavado: Carga la ropa seleccionada en la lavadora, añade detergente e inicia el ciclo de lavado.

- Doblar la ropa: Toma un pequeño lote de ropa limpia y dóblala. Esto puede incluir toallas, camisetas y calcetines.

- Colgar la ropa: Dedica 5 minutos a colgar las prendas que necesiten secarse al aire o que deban guardarse en perchas, como vestidos, camisas o pantalones.

- Vaciado del colector de pelusas: Una tarea rápida pero esencial es limpiar el filtro de pelusas de la secadora. Esto mejora la eficacia y reduce el riesgo de incendio.

- Poner las cosas en su lugar: Si te quedan algunas prendas limpias, dedica unos minutos a guardarlas en cajones o armarios.

- Preparación de artículos para la limpieza en seco: Si tienes prendas que necesitan limpieza en seco, dedica unos minutos a recogerlas y embolsarlas para tu próximo viaje a la tintorería.

## Crea un programa de lavandería

Uno de los secretos para controlar la lavandería es crear un horario y cumplirlo. Esto puede sonar un poco desalentador, pero establecer una rutina -por ejemplo, lavar la ropa los martes por la tarde y los sábados por la mañanapuede ayudar a convertir una tarea errática en una parte predecible y manejable de tu semana. Un calendario elimina las conjeturas de la ecuación. Se acabó el estar delante de la lavadora preguntándote si debes poner una carga. Sabes exactamente cuándo y qué vas a lavar, lo que facilita la planificación y el seguimiento. Cuéntaselo a la familia para que sepan que deben bajar el cesto de la ropa sucia el día indicado. Los días de lavandería regulares evitan que la pila se convierta en una montaña. Antes de que se te vaya de las manos, ya estás encima.

## Herramientas de organización para el lavado de ropa

Por último, hablemos de herramientas, porque merece la pena invertir en algunas herramientas organizativas clave para facilitar el proceso de lavado. Si tienes espacio, los cestos son realmente útiles: úsalos para clasificar previamente la colada por color, tipo de tejido o método de limpieza desde el primer momento. Así se ahorra tiempo el día de la clasificación y mantienes todo ordenado. Para esos molestos calcetines perdidos, ten una pequeña papelera o bolsa donde los calcetines sueltos puedan esperar a reunirse con sus compañeros. Además, las tablas de doblar pueden acelerar drásticamente el proceso de doblado y hacer que tu ropa parezca perfectamente planchada sin necesidad de plancharla.

Integrando estas estrategias (dividiendo el proceso en fases, abordando las tareas rápidas, respetando un calendario y utilizando las herramientas adecuadas) puedes transformar tu forma de gestionar el lavado. Con estos pasos, mantendrás el lavado de ropa bajo control y liberarás espacio mental y físico para actividades más placenteras.

# Capítulo 15



## ORGANIZAR PENSANDO EN TU HIJO

Poner orden en la habitación de un niño puede ser como intentar organizar una bolsa de confeti, sobre todo cuando los más pequeños entran en la ecuación. ¿El truco? Involúcralos desde el principio y haz que se diviertan. Recuerda que los niños son buenos observadores e imitadores naturales. Te observan más de cerca de lo que crees, absorbiendo tus hábitos y actitudes como pequeñas esponjas. Por eso, predicar con el ejemplo no es sólo una frase: es una de sus herramientas más poderosas en la enseñanza de la organización. Deja que tus hijos te vean hacer la cama, ordenar el correo o poner las cosas en su sitio. Con el tiempo, estas acciones establecen una norma visual sobre el aspecto de la organización.

Para que los niños más pequeños participen en el proceso de organización, hay que convertir la limpieza en un juego. ¿Quién clasifica sus juguetes más rápido? Puedes programar un cronómetro y retarles a batir el reloj. La clave está en inyectar un sentido lúdico y competitivo, que haga la tarea más agradable y aproveche el amor natural de los niños por los juegos. Ofrézcales pequeñas recompensas, como un cuento más a la hora de dormir, su merienda favorita o una calcomanía especial. También puedes poner música en los momentos de limpieza. Poner canciones alegres puede convertir las tareas domésticas en una fiesta de baile. Este enfoque les mantiene comprometidos y les ayuda a asociar sentimientos positivos con la organización, lo que es crucial para desarrollar hábitos de orden a largo plazo.

Para los niños mayores y los adolescentes, puedes hacerles participar en tareas como poner la mesa o clasificar la colada por colores. Propón un reto: ¿quién puede ordenar su habitación y mantenerla ordenada durante toda una semana? Estas tareas les dan un papel y una responsabilidad claros, lo que puede ser a la vez empoderador y educativo.

No olvides crear un sistema de recompensas. También es crucial que estas tareas sean apropiadas para cada edad. Esperar demasiado muy pronto puede generar frustración en ambas partes. Sé paciente y celebra sus esfuerzos, no sólo los resultados. Este estímulo refuerza su deseo de ayudar y aumenta su confianza a la hora de asumir responsabilidades.

## Crear sistemas sencillos y adaptados a los niños

Cuando se trata de sistemas, la sencillez es tu mejor amiga. Los niños necesitan métodos de organización precisos y sencillos que puedan entender y seguir fácilmente. Empieza por introducir zonas en su habitación: una para jugar, otra para dormir y otra para estudiar. Utiliza etiquetas visuales con dibujos para los niños más pequeños que aún no saben leer. Por ejemplo, estanterías abiertas y cestos con el dibujo de un coche para los coches de juguete, o una caja de plástico transparente con el dibujo de unos lápices de colores para los materiales de arte. Esto les ayuda a comprender cuál es su sitio y favorece su aprendizaje e independencia para mantener el orden. Cuanto menos complicado sea el sistema, más probabilidades habrá de que lo utilicen sistemáticamente.

Las sesiones periódicas de limpieza también pueden convertirse en una norma en la rutina de tu hijo. Fija un "día para ordenar" periódico -quizá una vez al mes o al final de cada temporada- en la que tú y tu hijo revisen juntos sus cosas. Esta es una excelente oportunidad para hablar del valor de dar y compartir, animándoles a donar los juguetes que ya no usan o la ropa que se les ha quedado pequeña.

Conviértelo en un acontecimiento festivo marcándolo en el calendario y, tal vez, acompañándolo de una actividad favorita o un capricho. Esto mantiene su espacio ordenado y les enseña empatía y generosidad. Además, les ayuda a decidir qué artículos son realmente importantes para ellos, fomentando el sentido de la responsabilidad y el pensamiento crítico.

Por último, haz hincapié en que lo que están haciendo no es sólo mantener los espacios ordenados; es una habilidad crucial para la vida. Enseñar habilidades organizativas a los niños es una inversión en su futuro. Empezando por lo más básico, como guardar los juguetes después de jugar o hacer la cama cada mañana, puedes ir adaptando las tareas a medida que crezcan, introduciendo gradualmente tareas más complejas, como planificar su mochila para el colegio la noche anterior o gestionar una pequeña tabla de tareas semanales.

Reconoce sus esfuerzos y éxitos a lo largo del camino; un pequeño elogio y una recompensa pueden contribuir en gran medida a aumentar su confianza y motivación. Recuerda que el objetivo es dotarles de habilidades que les servirán toda la vida, convirtiendo la aparentemente mundana tarea de organizar en un componente fundamental de su rutina diaria.

Ordenar enseña a los niños responsabilidad, autosuficiencia y la importancia de cuidar su entorno. Estas lecciones van más allá de los espacios físicos; empiezan a entender cómo gestionar su tiempo, cumplir sus compromisos y respetar sus pertenencias y las de los demás. A medida que crecen, estas habilidades les ayudan a desenvolverse en los estudios, las amistades y, con el tiempo, en sus propios hogares y lugares de trabajo.

# Capítulo 16



Probablemente sea cierto que, a veces, tu oficina en casa se siente menos como un bastión de la productividad y más como un agujero negro donde los papeles van a perderse y las tazas de café a jubilarse. Pero puedes transformar este caos en un centro neurálgico de eficiencia, todo ello en incrementos de sólo cinco minutos. Empezando por tu escritorio, el centro de mando de tu universo laboral, ocupémonos del desorden que no hace más que mermar tu concentración.

## Despejar el escritorio

Imagínate lo siguiente: un escritorio en el que sólo cabe lo que necesitas y que realmente te permite ver la superficie. Revolucionario, ¿verdad? Empieza por quitar todo de tu escritorio. Ahora, respira. Es hora de reconstruir este espacio pieza a pieza. Fija un temporizador de cinco minutos y ponte el reto de guardar sólo los objetos que realmente necesitas: la computadora, un bloc de notas para los repentinos arrebatos de inspiración y un bolígrafo o dos. A continuación, aborda los elementos menos obvios. ¿De verdad necesitas seis bloques diferentes de notas adhesivas? Probablemente no. Dedica otros minutos a tirar todo lo que no necesites. No lo pienses demasiado; actúa con rapidez y decisión. Cada objeto que decidas conservar debe ganarse su sitio en tu escritorio por ser esencial para tu trabajo o por contribuir positivamente al entorno de tu espacio de trabajo. Esto despeja el espacio físico y ayuda a minimizar el desorden mental, permitiéndote centrarte más en las tareas que tienes entre manos. El resto puede tirarse o donarse.

## Crear un entorno que fomente la concentración y la productividad

La decoración de tu espacio de trabajo puede influir profundamente en cómo te sientes y en tu rendimiento. Ten en cuenta la iluminación: la luz natural puede mejorar tu estado de ánimo y tu energía, así que, si es posible, coloca tu escritorio cerca de una ventana. Si la luz natural no es una opción, opta por una luz artificial suave y cálida en lugar de los fluorescentes. Las plantas son un gran complemento para un espacio de trabajo; purifican el aire y añaden vida a tu entorno, haciendo más agradable pasar horas en tu escritorio.

## Establecer breves rutinas diarias para mantener la oficina en casa organizada y funcional

Por último, la clave para mantener este orden es el mantenimiento rutinario. Dedica los últimos cinco minutos de tu jornada laboral a poner orden. Archiva papeles, vacía la bandeja de entrada de tu correo electrónico y ordena tu escritorio. Mientras lo haces, dedica un momento a fijar tus objetivos para el día siguiente. Esto puede ser tan sencillo como anotar las tareas que tienes que completar o los proyectos en los que quieres trabajar. Al fijarte estos objetivos, preparas tu mente para el trabajo del día siguiente y te aseguras de empezar con buen pie. Esto ayuda a mantener tu espacio organizado y te prepara para empezar el día siguiente sin problemas. Convertir esto en un hábito diario puede transformar tu rutina del final del día en un ritual de reajuste, asegurándote de que dejas tu espacio de trabajo sintiéndote realizado y listo para disfrutar de tus actividades fuera del horario laboral sin ningún pensamiento persistente de desorden.

Con estas estrategias sencillas pero eficaces, tu oficina en casa puede pasar de ser una fuente de estrés a un santuario de productividad. Recuerda que la clave no está en revisarlo todo de una sola vez, sino en introducir pequeñas mejoras constantes. Estos cambios graduales pueden mejorar drásticamente tu entorno de trabajo, permitiéndote sentirte más en control, centrado, eficiente y, en última instancia, exitoso en tus esfuerzos.

# Capítulo 17



¿Alguna vez has sentido que tu vida digital está tan desordenada como ese cajón de trastos que todo el mundo tiene en la cocina? Ya sabes, la que está llena de pilas viejas, cupones caducados y ese surtido aleatorio de llaves de quién sabe qué. Al igual que una casa desordenada puede hacer que te sientas abrumado y disperso, un espacio digital desordenado puede hacer lo mismo con tu espacio mental. Es hora de abordar el desorden digital con las mismas técnicas que utilizarías para ese cajón desordenado.

## Estrategias para gestionar la sobrecarga de correo electrónico sin agobiarte

Empecemos por el correo electrónico, que a menudo puede parecer una bestia hambrienta de atención. Alcanzar la "Bandeja de entrada cero" -esa tierra mítica en la que no hay correos sin leer- puede parecer un cuento de hadas. Pero es factible con el enfoque adecuado.

Aquí tienes 6 consejos para empezar:

1. Antes que nada, desactiva todas las notificaciones por correo electrónico. Si hay algo urgente, el remitente te enviará un mensaje de texto o te llamará. Date el regalo de no ser constantemente interrumpido por nuevas alertas de correo electrónico, especialmente cuando estás en medio de otra cosa. También eliminarás la asociación de los correos electrónicos con una sensación de estrés.

2. En segundo lugar, si un correo electrónico no necesita respuesta, archívalo inmediatamente.

3. En tercer lugar, si un correo electrónico puede responderse en menos de dos minutos, hazlo de inmediato.

4. En cuarto lugar, para los correos electrónicos que necesitan más tiempo, clasifícalos en tres carpetas: Urgente", "Leer más tarde" o "Esperando respuesta". Este simple acto de clasificación puede hacer que tu bandeja de entrada no parezca un agujero negro de tareas.

5. Ahora, piensa en programar una sesión de recapitulación de 5 ó 10 minutos al final del día y una "hora del correo electrónico" a la semana en la que te ocupes del trabajo pendiente. Es como fijar una cita con tu bandeja de entrada; cumplirla puede hacer que tu correo electrónico pase de enemigo a amigo.

6. Si te resulta más fácil y se adapta a la situación, puedes responder a un correo electrónico con un breve vídeo. Te sorprenderá la cantidad de información que puedes

comunicar en un vídeo de 30 segundos para iPhone o Loom que te habría llevado una hora componer por escrito.

## Creación de sistemas de archivado digital intuitivos que reducen el tiempo de búsqueda y aumentan la eficacia

A continuación, ordenaremos esos archivos digitales. Crear un sistema de archivo que imite el pensamiento de tu cerebro puede ahorrarte horas de búsqueda frustrada. Empieza con categorías amplias que tengan sentido para ti, como "Trabajo", "Personal", "Facturas", "Niños", etc., y luego ve concretando con subcarpetas. Se generoso con las etiquetas y la codificación por colores; las pistas visuales pueden ayudar a guiar a tu cerebro con TDAH directamente al archivo que buscas. Y recuerda que el desorden digital puede ser tan abrumador como el físico, así que acostúmbrate a borrar regularmente todo lo que ya no necesites.

Ahora, ¿qué hay de esas molestas notificaciones de aplicaciones que reclaman constantemente tu atención? Es hora de tomar el control. Sumérgete en la configuración de tu teléfono, tableta y computadora y desactiva las notificaciones no esenciales. Elige recibir actualizaciones sólo de las aplicaciones que consideres realmente importantes. Para todo lo demás, programa horas específicas para revisarlos. Esto no sólo reduce las distracciones, sino que también ayuda a disminuir la ansiedad que provocan los constantes pings que exigen que respondas. Es como poner tus dispositivos en función de la "necesidad de saber", y créeme: ¡no necesitan saber tanto como creen!

Por último, haz de la limpieza digital una parte habitual de tu rutina. Al igual que tus rutinas de limpieza y orden de 5 minutos, reserva tiempo para una limpieza digital de 5 minutos. Esto podría implicar vaciar tu carpeta de descargas, organizar tu escritorio o cancelar la suscripción a boletines que de todos modos te saltas. El mantenimiento regular hace que todo funcione a la perfección, manteniéndole a ti en control y menos abrumado.

# Capítulo 18



El arte de despejar la mente:
Despejar el desorden mental

¿Sientes a veces que tienes 2.000 ideas para hacer cosas, que quieres comprar material para 200 nuevos proyectos y empezar 20 nuevas aficiones, pero sin llegar a ponerlas en práctica? Para las personas con TDAH, el desorden mental a menudo nos impide centrarnos en lo que realmente importa. El despejar la mente es una forma sencilla y revolucionaria de hacerlo, como si se tratara de un cajón desordenado.

## ¿Qué es despejar la mente?

Piensa en una descarga de ideas como una purga mental, una forma de liberarte de los pensamientos que a menudo te impiden centrarte en lo que de verdad importa. No se trata de organizar los pensamientos sobre la marcha; se trata de liberarlos y dejarlos fluir, sin juicios ni interrupciones. Este proceso puede ser increíblemente enriquecedor. Reduce la sobrecarga mental que a menudo lleva a sentirse abrumado, ansioso o paralizado por demasiados pensamientos o decisiones. Al trasladar tu caos interno al papel, despejas el espacio mental necesario para centrarte en las tareas, tomar decisiones y, en general, sentirte menos abrumado. Este sencillo acto puede ser muy útil, sobre todo antes de empezar un nuevo proyecto, planificar la semana o siempre que sientas que te invade la niebla mental.

## Guía paso a paso para realizar un vaciado mental eficaz

1. Empieza por tomar un cuaderno o abrir un nuevo documento digital: será el patio de recreo de tu mente.

2. Programa un temporizador de 10 a 15 minutos y ponte a escribir. Anota todo lo que se te ocurra: tareas, preocupaciones, ideas, lo que tienes que comprar en el supermercado, un correo electrónico que se te olvidó enviar... literalmente, cualquier cosa.

3. No te preocupes por que tenga sentido o sea ordenado. El objetivo no es crear una obra maestra, sino descargar cada pequeño pensamiento que ocupa espacio en tu cerebro. Te sorprenderá lo que surge cuando das rienda suelta a tus pensamientos.

4. Este proceso es especialmente útil en los días en los que te sientes atascado o en los que tu cerebro parece estar a toda máquina. Es como tomar una escoba y barrer los rincones polvorientos de tu mente.

5. Una vez que todo está sobre el papel, es hora de poner un poco de orden en el caos. Empieza por buscar temas

o categorías: quizá haya varias tareas relacionadas con un proyecto concreto, o varias preocupaciones por un acontecimiento próximo. Empieza a agrupar estos pensamientos. Utiliza bolígrafos de distintos colores o rotuladores fluorescentes para clasificarlos visualmente.

6. Después decide una línea de actuación para cada categoría. ¿Qué necesita atención inmediata? ¿Qué puede programarse para más tarde? ¿Qué puede delegarse o eliminarse? Este paso hace que tu mente deje de ser un montón de pensamientos aleatorios para convertirse en un plan de acción estructurado, con lo que te resultará más fácil abordar cada punto sin sentirte abrumado.

Para aprovechar realmente los beneficios de despejar la mente conviértelo en parte de tu rutina habitual. Considera la posibilidad de hacer un despeje mental semanal para prepararte para la semana que tienes por delante, o cada noche para despejar la mente antes de acostarte, lo que te ayudará a relajarte y a mejorar la calidad del sueño. La clave es la coherencia.

Cuanto mayor sea la regularidad con la que realices descargas mentales, menor será el desorden mental que acumules y más fácil te resultará mantener la concentración y la claridad en tu vida diaria. Experimenta con el momento y la frecuencia para encontrar lo que mejor te funciona. Lo bueno de esta práctica es que es adaptable: puede ser tan larga o tan corta como necesites, tan detallada o tan breve como quieras, lo que la hace perfecta para la naturaleza variable del TDAH.

Al incorporar el despeje mental a tu vida, conviertes un simple trozo de papel en una poderosa herramienta de claridad mental y concentración. Se trata de darte permiso para descargar, ordenar y organizar tus pensamientos de forma que aumente tu productividad y tu tranquilidad.

# Capítulo 19

SIMPLIFICAR LA PLANIFICACIÓN

DE COMIDAS Y LA COMPRA DE ALIMENTOS

Planificar las comidas y hacer la compra a veces puede resultar abrumador si padeces de TDAH: las innumerables opciones, la planificación necesaria y la mera monotonía de la tarea pueden convertir lo que debería ser una actividad sencilla en una saga semanal. Pero no tiene por qué ser así. Puedes transformar tu enfoque de la alimentación de forma que simplifique estas tareas e inyecte un poco de alegría y creatividad a tu rutina diaria.

En primer lugar, abordemos la planificación de las comidas. El cansancio por las decisiones es real, sobre todo cuando se padece de TDAH. La clave está en simplificar. Puedes empezar por crear un sistema de planificación de comidas que gire en torno a temas y no a comidas concretas. Algo así como "Lunes sin carne", "Martes de tacos", "Miércoles de pasta", "Jueves de sopa y ensalada", "Viernes de pizza", "Sábado de cosas frita", "Domingo de olla de cocción lenta"... ya te haces una idea. Este método reduce el número de decisiones que hay que tomar y deja margen para la creatividad y la espontaneidad. Ya conoces la base, pero puedes jugar con los ingredientes en función de lo que tengas disponible o de lo que te apetezca.

Para agilizar la planificación de las comidas, reserva un poco de tiempo a la semana para pensar y anotar ideas. Puede ser tan sencillo como garabatear ideas en un bloc de notas o colgar recetas en un tablero de Pinterest. El objetivo es crear una reserva de comidas que puedas utilizar cada semana, haciendo que la tarea no consista tanto en buscar ideas como en preparar opciones previamente pensadas. Este método ahorra tiempo y reduce el estrés de tener que idear nuevas comidas cada semana, lo que convierte las sesiones de planificación de comidas en algo que se espera con ilusión en lugar de temer.

## Compras eficientes

A continuación, racionalicemos la experiencia de compra en el supermercado. Una lista de la compra bien organizada es tu mejor aliado. En lugar de una lista desordenada de artículos, organízala por categorías: lácteos, carnes, frutas, verduras y snacks. Una lista estructurada puede convertir un viaje de compras caótico en una navegación tranquila por los pasillos. Considera la posibilidad de utilizar una aplicación de lista de la compra en la que puedas marcar rápidamente los artículos a medida que avanzas. Aquí hay un par de buenas, disponibles en español:

1.  Bring! – https://getbring.com

Esta es otra aplicación de listas muy sencilla para compartir. Es especialmente útil si otra persona está haciendo la compra semanal, porque puedes añadir artículos a la lista mientras están en la tienda. También puede personalizar la lista con fotos, que te ayudarán a identificar el producto exacto que deseas.

2. Out of Milk - https://www.outofmilk.com

Esta aplicación te ayuda a hacer un seguimiento de lo que hay en tu despensa, te permite crear varias listas de la compra y clasifica tus comestibles por pasillos para ahorrar tiempo en el supermercado. También incluye una lista de tareas pendientes para las tareas no relacionadas con la compra.

Al hacer una gran compra semanal, el momento es muy importante. Si puedes, programa tus compras fuera de las horas pico para evitar las aglomeraciones. Unas tiendas menos abarrotadas suponen menos distracciones y un viaje de compras más rápido. Y si pensar en ir al supermercado es demasiado, siempre está la compra en línea. Puedes hacer tus selecciones desde la comodidad de tu casa, ahorrando tiempo y permitiéndote comprar sin la sobrecarga sensorial de los abarrotados pasillos del supermercado. Además, es más fácil centrate en tu lista cuando tienes una lista guardada ya cargada.

## Comer sano y evitar la trampa de la comida basura

No siempre es fácil mantener una dieta sana cuando se tiene TDAH. La impulsividad y el aburrimiento pueden conducir a menudo a hábitos alimentarios poco saludables, especialmente el temido tentempié de comida basura para obtener un rápido subidón de dopamina. Pero con unos cuantos trucos, puedes afrontar estos retos de frente. En el caso de la impulsividad, se trata de controlar el entorno. Mantén los snacks saludables a la vista y al alcance de la mano, como mucha fruta en el frutero. Un buen consejo es lavar y secar toda la fruta antes de ponerla en el bol, para que esté lista para comer y no sea necesario lavarla antes. Las barritas de cereales y los bocaditos energéticos son estupendos para tener a mano. Un trozo de queso o un huevo duro ya pelado son snacks proteicos rápidos y fáciles, y puedes tener un bote de frutos secos y semillas en la encimera de la cocina para picar en cualquier momento. En cuanto a los snacks poco saludables, no los guardes en casa.

## Receta fácil y rápida de snacks energéticos: ¡sin necesidad de hornear!

Mantener una caja de Tupperware de estos pequeños bocados redondos de energía en el refrigerador puede darte a ti y a tu familia un impulso cuando te sientas cansado y tentado a buscar la opción de comida chatarra. Son muy fáciles de hacer, no requieren cocción y son sencillamente irresistibles. Si tienes hijos, también puedes enseñarles a hacerlas.

## Método:

1. En un bol grande, mezcla una taza de avena, una taza de coco tostado, media taza de semillas de lino o sésamo tostado, media taza de mantequilla de cacahuete cremosa, media taza de miel, una cucharada de esencia de vainilla y

un puñado de arándanos rojos secos, pasas o albaricoques secos troceados.

2.  Mézclalo todo hasta que esté bien mezclado y póngalo a enfriar en el refrigerador durante 2 horas.

3.  Forma bolitas de 2,5 cm con la mezcla.

4.  Se conservan en el refrigerador unas dos semanas y también se pueden congelar.

## Cocinar y preparar por lotes

Cocinar por lotes puede revolucionar tu forma de preparar las comidas de la semana. Es una buena manera de ser amable con tu futuro yo. Dedica unas horas del fin de semana a cocinar y preparar la mayor parte de las comidas; así, cuando estés cansado y sin energía a mitad de semana, sabrás que tienes algo rápido y fácil que preparar. Aquí tienes algunos consejos para ahorrar tiempo preparando la comida:

1.  El recipiente Tupperware y la bolsa zip-lock son tus mejores amigos. Cocina grandes porciones de alimentos básicos como pasta, quinoa, lentejas y arroz, y guárdalos en la nevera o el congelador en recipientes del tamaño de una ración. No olvides etiquetarlos con el contenido y la fecha.

2.  Hornea, haz a la plancha, asa o saltea varias raciones de pollo o pescado a la vez y utilízalas en distintas comidas durante la semana: una tanda de pechugas de pollo a la plancha puede convertirse en una fajita una noche, en la base de

una abundante ensalada la noche siguiente y en el relleno de una pizza la tercera noche.

3. Ten a mano diferentes salsas y especias para añadir variedad y sabor a tus carnes precocinadas.

4. No tengas miedo de utilizar fruta y verdura congelada, ya preparada y lista para consumir.

5. Las bandejas de verduras asadas y sazonadas son muy fáciles de cocinar y se conservan varios días en el refrigerador listas para recalentar. Sólo tienes que cortar las verduras que tengas a mano en trozos de tamaño similar (zanahorias, pimientos, calabacines, cebollas, brócoli, coliflor, todos van bien), mezclarlos con aceite de oliva y echarlos en la bandeja del horno. Salpimiéntalas y ásalas a fuego fuerte durante unos 30 minutos.

6. Cocina por lotes guisos listos para recalentar. Los platos preparados en una sola olla, las ollas de cocción lenta, las freidoras de aire y las viejas bandejas de horno son formas estupendas de crear comidas rápidas y fáciles todo en uno.

7. Una sopera puede ser un salvavidas: echa una mezcla de verduras congeladas, un poco de mantequilla, una pastilla de caldo y agua hirviendo, pulsa "ya" y en 30 minutos tendrás una sopa espesa y sustanciosa con un sabor increíble. Acompañado de pan y un trozo de queso, es la cena sencilla y sana perfecta.

8. Marina las carnes en una salsa sencilla con antelación para poder preparar una deliciosa cena salteada de forma rápida y sencilla.

Marinar la carne es una forma estupenda de simplificar el tiempo de preparación de tus comidas. Puedes preparar un adobo sencillo y guardarlo en un tarro en el refrigerador, listo para verterlo sobre la carne cruda. Puedes marinar la carne desde 30 minutos hasta toda la noche, pero mantenla siempre en el refrigerador, y recuerda desechar cualquier marinada usada que haya estado en contacto con carne cruda.

Dedicar tiempo a preparar la comida no sólo ahorra tiempo en la cocina diaria, sino que también garantiza tener a mano opciones sanas y caseras, reduciendo la tentación de pedir comida para llevar. Simplificando la planificación de las comidas, organizando la compra, cocinando por lotes y condimentando la rutina de las comidas, puedes transformar tu enfoque de la comida en uno que favorezca tu TDAH. Se trata de crear sistemas que aporten eficacia, reduzcan el estrés e inyecten un poco de diversión a lo cotidiano, haciendo que comer sano no sea sólo una aspiración, sino un estilo de vida real y alcanzable.

# Capítulo 20



maginemos que has seguido los pasos de esta guía y has ordenado y limpiado tu espacio. Parece increíble, ¿verdad? Te sientes como un superhéroe que acaba de conquistar al caótico villano del desorden, y espero que te hayas dado una gran recompensa. Ahora pensemos en la siguiente etapa, mantener la casa en este estado. Esto puede ser un reto, sobre todo cuando tu cerebro con TDAH suele estar más interesado en el próximo proyecto emocionante que en el mantenimiento mundano. Pero no te preocupes, puedes mantener tu espacio ordenado con sólo un pequeño compromiso diario, transformando el mantenimiento de una tarea temida en una rutina rápida y satisfactoria.

## Plan de mantenimiento diario de 5 minutos

He aquí el secreto para mantener tu espacio organizado sin sentirte abrumado: la coherencia. No se trata de hacer mucho de una vez, sino de hacer un poco cada día para que el desorden no tenga oportunidad de acumularse de nuevo. Dedicar sólo cinco minutos al día a ordenar te garantiza no tener que volver a enfrentarte a esa desalentadora montaña de desorden. Este enfoque no sólo mantiene tu espacio con un aspecto estupendo, sino que también te da una sensación de control y logro cada día, lo que puede ser increíblemente motivador.

Integrar una serie de minitareas de mantenimiento en tu rutina diaria garantiza que se conviertan en algo tan habitual como tomarse el café por la mañana. Una forma de hacerlo es anclar el nuevo hábito de limpieza a uno ya existente. Por ejemplo, mientras esperas a que se prepare el café, puedes descargar el lavavajillas u ordenar la encimera. O aprovecha los primeros cinco minutos al llegar a casa para colgar los abrigos y guardar los zapatos, o limpiar la bandeja de arena de tu mascota. Al vincular estas tareas a los hábitos que ya tienes, las integra perfectamente en tu vida diaria, haciendo que parezcan menos tareas y más partes naturales de tu día.

Mantener un espacio organizado es muy parecido a la jardinería: se trata de pequeños esfuerzos regulares que hacen que todo siga floreciendo. Dedicar sólo cinco minutos al día a estas sencillas tareas le permitirá mantener un entorno ordenado y agradable sin que te resulte pesado. Este enfoque hace que el mantenimiento sea manejable e incorpora una sensación de logro a tu vida cotidiana, convirtiendo tu espacio organizado en una fuente de alegría y orgullo. Estas pequeñas victorias también son importantes para el cerebro del TDAH, que se nutre de recompensas inmediatas y señales de éxito. Cada minitarea completada es una victoria, un empujón que te dice "oye, puedo hacerlo", aumenta tu confianza y te inspira para emprender la siguiente tarea.

## Si hace sólo UNA cosa... Las 20 tareas más importantes en cinco minutos

He aquí una lista de 20 tareas que sólo llevan cinco minutos pero tienen un gran impacto. Si sólo haces una cosa hoy, que sea una de estas tareas... ¡y no olvides recompensarte cuando termines!

1.  Tiende la cama.

2.  Quita la ropa de la silla del dormitorio.

3.  Vacía el lavavajillas nada más entrar en la cocina.

4.  Despeja y limpia UNA encimera de cocina.

5.  Ordena el correo y los papeles en la encimera/mesa de la cocina.

6.  Limpia el fregadero y pon los platos en el lavavajillas.

7.  Lava lo que quede en el refrigerador.

8.  Limpia los electrodomésticos: microondas, tostadora, hervidor de agua.

9.  Vacía la basura y coloca un nuevo forro.

10. Limpia y quita el polvo de la mesa de centro.

11. Desinfla los cojines de la sala y quita el polvo del televisor.

12. Limpia las manchas de agua y suciedad del espejo del cuarto de baño.

13. Clasifica la ropa en blanca y de color y ponla a lavar.

14. Recoge y clasifica los objetos sueltos en el suelo de UNA habitación.

15. Cuelga las toallas en el baño.

16. Cuelga los abrigos y chaquetas en el pasillo.

17. Alinea los zapatos ordenadamente en el pasillo.

18. Limpia las zonas de las mascotas: recoge la caja de arena y limpia el cuenco de las mascotas.

19. Despeja y organiza UN cajón.

20. Deshazte de periódicos y revistas viejos.

## Cómo afrontar la reincidencia: Estrategias suaves para volver al buen camino

Hablemos ahora de una parte menos glamurosa pero totalmente normal de la organización con TDAH: la recaída. Imagínate: te has pasado todo el fin de semana acondicionando tu espacio. Has ordenado, etiquetado y tal vez incluso tarareado una melodía de victoria mientras admirabas tu trabajo. Unas semanas más tarde, la vida ha cambiado. Tu escritorio vuelve a estar repleto de papeles y la encimera de la cocina toma el relevo con platos y cachivaches.

Probablemente sientas que vuelves al principio. Bueno, la cuestión es la siguiente: en primer lugar, no has vuelto al punto de partida. Ya has desarrollado los músculos de la limpieza y el desorden, y no te costará ponerte en marcha de nuevo. Y en segundo lugar, reincidir no es un fracaso; es una parte natural del proceso. Es como estar a dieta y tomar un snack a medianoche: no lo has estropeado todo, sólo te has topado con un pequeño bache.

Es importante recordar que perder algo de terreno organizativo es típico. Le ocurre a todo el mundo, no sólo a los que padecen TDAH. La clave es no dejar que este contratiempo se convierta en una espiral de caos. En lugar de ello, considérelo una señal para hacer una pausa y reajustarse, en lugar de un motivo para criticarte. Cultivar una mentalidad de autocompasión es crucial en este caso. Cuando te des cuenta de que has recaído, háblate a ti mismo como lo harías a un amigo querido: con amabilidad, animándote y sin juzgarte, con frases como "No pasa nada por tener un tropiezo" o "Intentémoslo paso a paso". Este enfoque suave es mucho más motivador que la dura autocrítica, que puede llevar a sentirse abrumado y atascado.

Ahora, a recuperar tu estado organizado. Recordemos todo lo que hemos aprendido y pensemos en pequeño, muy pequeño. La idea de reorganizarlo todo de nuevo puede resultar desalentadora. Pero el objetivo de este libro es facilitar el inicio de una tarea, incluso cuando parece abrumadora. Así que divídelo en microtareas de 5 minutos. ¿Puedes dedicar sólo cinco minutos a clasificar el correo de hoy? ¿O programar un temporizador para ver cuántos platos puedes fregar o cuánto desorden puedes quitar del suelo de la sala en 5 minutos?

Estos pequeños pasos son manejables y menos intimidantes, y suman. Te sorprenderá lo rápido que puedes volver a ponerte en marcha, y esto puede reavivar tu confianza y tu motivación para abordar tareas más importantes. Celebra estas pequeñas victorias: son hitos importantes en tu camino de vuelta al orden.

Buscar apoyo también puede suponer una gran diferencia cuando estás luchando por volver a la normalidad. Puede ser un familiar que te ayude a ordenar una pila de ropa sucia, o un amigo que destaque en sistemas de archivo y pueda ofrecerte algunos consejos. Si la recaída parece fuera de control, considera la posibilidad de recurrir a ayuda profesional, como un organizador personal o un entrenador de TDAH. A veces, el mero hecho de hablar de tus dificultades puede aligerar tu carga y ofrecerte nuevas perspectivas. Recuerda que buscar ayuda es un signo de fortaleza, no de debilidad. Demuestra un compromiso con la mejora de tu entorno y, por extensión, de tu bienestar mental.

# Conclusión



Bueno, aquí estamos al final de nuestro viaje juntos, y espero que sientas que ha sido útil e instructivo. El objetivo de este libro nunca ha sido conseguir un estado de orden impecable, sino ofrecerte las herramientas necesarias para realizar cambios significativos que mejoren tu vida diaria, paso a paso.

Se trata de sacudirse las cadenas del perfeccionismo y la parálisis por las tareas, y centrarse en lo que de verdad importa: el progreso, por grande o pequeño que sea. Ahora que tienes todas las herramientas a tu alcance, piensa que eres un científico en el laboratorio de tu propia vida. Cada nueva estrategia que aprendes sobre el TDAH es como un experimento científico.

Algunos funcionarán de maravilla, otros podrían fracasar, pero cada uno de ellos te proporciona datos inestimables sobre cómo funciona mejor tu cerebro con TDAH. Por ejemplo, tal vez descubras que crear un horario sencillo te da una nueva sensación de calma, o que despejar tu mente cada noche te ayuda a conciliar el sueño más fácilmente. Cada pieza de conocimiento te capacita para tomar decisiones informadas, afinando tu enfoque para manejar el TDAH de una manera que se alinea con tu crecimiento personal y los cambios en tu estilo de vida.

Introducir nuevos retos -ya sea aprender una nueva habilidad o reorganizar tu espacio vital- puede reavivar tu motivación y creatividad. Estos retos mantienen tu cerebro activo y comprometido, empujándote a adaptarte y a encontrar nuevas formas de aplicar tus puntos fuertes del TDAH. Por ejemplo, si ya dominas la organización de tu espacio de trabajo, ¿por qué no te retas a enseñar a los demás tus métodos? O, si has encontrado un sistema de planificación de comidas que realmente funciona, puedes experimentar con nuevas recetas que mantengan tus comidas emocionantes y saludables.

No olvidemos la importancia de un enfoque suave y empático de la organización. Sé amable contigo mismo. Celebra los días en los que venzas al caos y prémiate, sobre todo los días en los que mover un solo plato de la encimera de la cocina te parezca una tarea hercúlea. Cada paso adelante, por pequeño que sea, es una victoria.

Reflexionar sobre tu crecimiento implica realizar comprobaciones periódicas contigo mismo para reconocer tus progresos y recalibrar tus objetivos. No se trata de autocalificarte ni de centrarte en lo que no ha funcionado, sino de celebrar el camino recorrido y los conocimientos adquiridos por el camino. La reflexión regular en tu diario, donde apuntas tus éxitos y percepciones, o reservar un tiempo cada semana para pensar en lo que has aprendido y cómo has crecido, solidifica tu progreso y mejora tu autoconciencia, ayudándote a comprender más profundamente cómo el TDAH afecta a tu vida y cómo puedes seguir viviendo bien con él.

Para terminar, me gustaría que te llevaras la idea de que tu TDAH no es una condición negativa que hay que controlar, sino un aspecto dinámico de tu vida que puede enriquecer tu experiencia del mundo. Cada paso que das para aprender sobre tu TDAH, aceptar el cambio, plantearte nuevos retos y reflexionar sobre tu crecimiento y tus éxitos añade profundidad a tu comprensión de ti mismo.

No sólo estás organizando tu espacio o tus tareas; estás organizando una vida vibrante, satisfactoria y en continuo crecimiento. Al pasar la página del próximo capítulo de tu vida, lleva contigo el conocimiento de que cada día trae nuevas oportunidades para aprender, crecer y redefinir lo que significa vivir tu mejor vida con TDAH.

Tienes esto: cinco minutos cada vez. Por seguir adelante, abrazar el caos de vez en cuando y encontrar tu propio ritmo en la maravillosa y desordenada danza de la vida. Sigue esforzándote, sigue organizándote y, sobre todo, sigue siendo tú mismo.

# Referencias



---

Referencias en línea

---

Time Perception is a Focal Symptom of Attention-Deficit/ ...
https://www.ncbi.nlm.nih.gov/pmc/articles/PMC8293837/

Aplicaciones para el TDAH: Recursos móviles para mentes con
TDA https://www.additudemag.com/mobile-apps-for-adhd-
minds/

TDAH y dopamina: What›s the Connection? https://www.
healthline.com/health/adhd/adhd-dopamine

Historias personales sobre el TDAH: Real-Life Success ...
- ADDitude https://www.additudemag.com/adhd-personal-
stories-real-life-people-living-with-adhd/

Cómo organizarse con un TDAH adulto https://www.
additudemag.com/how-to-get-organized-with-adhd/

Dejar de postergar TDAH: Getting Things Done - ADDitude
https://www.additudemag.com/stop-adhd-procrastination/

Habilidades de gestión del tiempo para cerebros con TDAH:
Consejos prácticos https://www.additudemag.com/time-
management-skills-adhd-brain/

Rutina para acostarse con TDAH: Cómo crear uno que no odies
https://blackgirllostkeys.com/adhd/adhd-bedtime-routine-
how-to-create-one-you-dont-hate/

18 consejos de cinco minutos para empezar a controlar
el desorden https://addfreesources.net/18-five-minute-
decluttering-tips/

Consejos de organización para el hogar: Desorden, dinero,
comidas y más https://www.additudemag.com/category/
manage-adhd-life/home-organization/

Cómo crear y mantener nuevos hábitos https://chadd.org/
adhd-news/adhd-news-adults/how-to-build-and-maintain-new-
habits/

Disfunción ejecutiva del TDAH: Cómo lograr la productividad ...
https://www.additudemag.com/adhd-executive-dysfunction-
how-to-be-more-productive-consistent/

Cómo desordenar: 7 consejos para adultos con TDAH https://
www.additudemag.com/slideshows/how-to-declutter-adhd/

Habilidades de gestión del tiempo para cerebros con TDAH:
Consejos prácticos https://www.additudemag.com/time-
management-skills-adhd-brain/

14 consejos de planificación de comidas para cerebros con
TDAH (y por qué deberías ... https://www.getinflow.io/

post/meal-planning-tips-for-adhd-adults#:~:text=Meal%20
planning%20can%20help%20save,batching%20tasks%20
and%20doubling%20recipes.

Gestión del estrés y habilidades de afrontamiento del TDAH:
Autocuidado ... https://www.additudemag.com/slideshows/
adhd-stress-management-skills-for-adults/

El poder de una descarga cerebral: Cómo desenredar la mente
del TDAH https://www.neverdefeatedcoaching.net/the-power-
of-a-brain-dump-how-to-untangle-your-adhd-mind/

8 consejos de meditación y atención plena para el TDAH -
Healthline https://www.healthline.com/health/adhd/adhd-
meditation

Hiperfocalización: Cómo controlar la concentración del TDAH
https://www.additudemag.com/slideshows/hyperfocus-for-
productivity/

38 ideas, consejos, sistemas y trucos para organizar el hogar
https://www.minimizemymess.com/blog/adhd-home-
organization-hacks

indefinido indefinido

Las mejores aplicaciones de productividad para adultos con
TDAH: Nuestros mejores https://www.additudemag.com/best-
productivity-apps-adhd-adults/

El TDAH en el trabajo - Supernormal https://supernormal.com/
blog/navigating-adhd-workplace

Cómo organizarse con un TDAH adulto https://www.
addituraemag.com/how-to-get-organized-with-adhd/

Rutina diaria Solución de problemas para cerebros con TDAH
https://www.additudemag.com/how-to-stick-to-a-routine-
adhd/

Cómo deshacerse del desorden con TDAH: 9 consejos para
despejar el desorden https://balancethroughsimplicity.com/
decluttering-with-adhd/

Estrategias TDAH. Creación de sistemas inteligentes para
cerebros con TDAH https://www.addept.org/living-with-adult-
add-adhd/smart-systems-for-adhd-brains

La creatividad del TDAH https://www.scientificamerican.com/
article/the-creativity-of-adhd/

Consejos de comunicación matrimonial para cónyuges de
adultos con TDAH https://www.additudemag.com/marriage-
communication-tips-adhd-spouses/

Tu guía de adaptaciones laborales para el TDAH https://www.
healthline.com/health/adhd/workplace-accommodations-for-
adhd

Cómo fijar objetivos y alcanzarlos con TDAH https://www.
additudemag.com/how-to-set-goals-achieve-them-adhd/

# Sobra la autora

Caroline Singer MA es una autora y coach certificada en TDAH, con un interés particular en la neurodiversidad y los problemas familiares. Varios miembros de su familia tienen TDAH, así que entiende de cerca cuáles son los problemas clave. Conoce a la perfección los retos a los que se enfrentan las familias en este viaje. Su trabajo se nutre de la pasión por ofrecer apoyo empático, consejos prácticos y ánimos edificantes. La misión de Caroline es ayudar a las personas y familias que viven con TDAH a regalarse un entorno más tranquilo y organizado, fomentando la esperanza y el cambio positivo en sus vidas.

# Nota final de la autora

Estimado lector,

Gracias por tomarte el tiempo de leer mi libro. Tu apoyo y tus comentarios significan mucho para mí. Si este libro te ha resultado útil, te ruego que compartas tu opinión dejando un comentario en Amazon. Tu reseña no sólo ayuda a otros lectores a descubrir el libro, sino que también me permite seguir escribiendo y compartiendo contenidos que pueden marcar la diferencia. Gracias de todo corazón por su apoyo.